三聯學術

著作权所有：© 东大图书股份有限公司
本书中文简体字版由东大图书股份有限公司授权生活·读书·新知三联书店在中国境内（台湾、香港、澳门地区除外）独家出版。
本书中文简体字版禁止以商业用途于台湾、香港、澳门地区散布、销售。
版权所有，未经著作权所有人书面授权，禁止对本书之任何部分以电子、机械、影印、录音或其他方式复制或转载。

作品精选　钱穆

黄帝

Simplified Chinese Copyright © 2021 by SDX Joint Publishing Company.
All Rights Reserved.
本作品简体中文版权由生活・读书・新知三联书店所有。
未经许可，不得翻印。

图书在版编目（CIP）数据

黄帝／钱穆著．—北京：生活・读书・新知三联书店，2021.7
（钱穆作品精选）
ISBN 978-7-108-07154-5

Ⅰ.①黄… Ⅱ.①钱… Ⅲ.①黄帝－生平事迹 Ⅳ.① K827=1

中国版本图书馆 CIP 数据核字（2021）第 076359 号

责任编辑　冯金红
装帧设计　蔡立国
责任印制　宋　家
出版发行　生活・讀書・新知 三联书店
　　　　　（北京市东城区美术馆东街 22 号 100010）
网　　址　www.sdxjpc.com
图　　字　01-2018-3650
经　　销　新华书店
印　　刷　北京市松源印刷有限公司
版　　次　2021 年 7 月北京第 1 版
　　　　　2021 年 7 月北京第 1 次印刷
开　　本　880 毫米 × 1092 毫米　1/32　印张 5
字　　数　87 千字
印　　数　0,001－5,000 册
定　　价　49.00 元
（印装查询：01064002715；邮购查询：01084010542）

出版说明

本书是钱穆先生一九四四年应潘公展、印维廉先生之邀,与及门弟子姚汉源先生合作完成("口述大恉,嘱及门姚君笔达之"〔见本书"弁言"〕),并于一九七八年授权台北东大图书股份有限公司重印出版;此次出版简体字本,亦循台北东大版之例,将钱先生所撰"重版附跋"置于书前,以明此书撰述之过程。特此说明。

生活·读书·新知三联书店

二〇〇四年六月一日

目　录

重版附跋／1
弁言／1

黄帝

第一章　文明和文化的故事／3

第二章　黄帝的故事／7
　　第一节　黄帝和炎帝／7
　　第二节　黄帝的降生／10
　　第三节　黄帝伐蚩尤／12
　　第四节　黄帝的文治／19
　　第五节　黄帝的制作和发明／23
　　（一）关于天文历法方面的／25
　　（二）关于衣食住行方面的／32
　　（三）关于武器和文字方面的／34
　　（四）其他方面／37

第六节　黄帝的长生和子孙 / 37

尧舜禹汤

第一章　尧的故事 / 45
　　第一节　尧的政教 / 45
　　第二节　尧让舜 / 49

第二章　舜的故事 / 53
　　第一节　舜的大孝 / 53
　　第二节　舜的政教 / 56

第三章　禹的故事 / 60
　　第一节　大洪水 / 61
　　第二节　大禹治水 / 62
　　第三节　舜禅禹和禹传子 / 67

第四章　汤的故事 / 71
　　第一节　夏衰商兴 / 71
　　第二节　汤伐桀灭夏 / 75
　　第三节　汤的政教 / 77

文武周公

第一章　周文王的故事 / 84
　　第一节　文王以前的周 / 84

第二节　商纣乱商和文王兴周 / 86

　　第三节　纣囚文王 / 88

　　第四节　文王的武功 / 90

第二章　周武王的故事 / 93

　　第一节　第一次伐纣 / 93

　　第二节　商纣自趋灭亡 / 94

　　第三节　武王灭商 / 97

第三章　周公的故事 / 103

　　第一节　武王之死和周公摄政 / 104

　　第二节　周室内部的不安 / 107

　　第三节　周公居东 / 110

　　第四节　周公平管蔡灭殷 / 115

　　第五节　营洛邑和封诸侯 / 123

　　（一）营洛邑 / 124

　　（二）封诸侯 / 128

　　第六节　定官制和制礼乐 / 133

　　（一）定官制 / 133

　　（二）制礼乐 / 134

　　第七节　周公的退休 / 139

　　第八节　周公的学术著作 / 143

结语 / 145

重版附跋

　　本书乃余于三十四年前在成都北郊赖家园齐鲁大学国学研究所经某方催促偕及门姚君合力共成之今付东大图书公司重梓问世因姚君滞留大陆未出余患目疾一任旧稿未克再自校阅

　　一九七八年三月钱穆识于台北士林外双溪素书楼

弁　言

史者一成而不变，而治史者则每随时变而异其求。故治史之难，莫难于时变之方新。当是时，前人之所得，皆若不足以应吾之需，而一时之所求于史者，遂亦喜言创获，而其病在不经而失实。今日之时变亟矣，其所需于史者甚切，而喜创不经之病亦甚显。尤甚者，莫过于近人之言古史。昔人言：画犬马难，画鬼神易。今之治古史，亦如画鬼神：易于无凭，而难于近是。潘公展、印维廉两先生创编《民族伟人故事集》，第一辑首黄帝，而附以尧、舜、禹、汤、文、武、周公，诿垂及余，推辞不获，而方别欲有所撰造，因口述大耑，嘱及门姚君笔达之。姚君治水利工程，弃其业而从余，方研讨中国先圣前贤思想行谊，以期抉发民族文化之本真，孔、孟、老、庄以下，秩如也，醰如也，谢于古史非所习。余曰：是何害，即以君所得于先圣前贤之绪论而推溯以寻之可也。书既成,爰为识数语于卷端。此书之作,盖不欲为无凭,其为近是与否,则以待当世博古君子,非余之私所当论也。

一九四四年春钱穆识于复兴关之留园

黄

帝

第一章　文明和文化的故事

中国不但是一个国家民族的单位，而且是一个文化单位。从远古到现在没有变动过。西方文明导源于埃及、巴比伦；印度文明发生在印度本土；中国也是独立的、自发的在黄河流域产生文明，数千年来有进无已。目前仍然是东方文化的主体，各文化间免不掉交互影响。中国和西方正面接触实在是近百年的事情。近几十年来讲古史的有一个荒唐说法，总认为中国民族是从别处搬来的，有西来、东来等等说法。初期文明自然也是带来的，西来说尤其普遍。其实这种离奇想法却是来自西方，西洋的学者脑子里潜伏着地球上除了西方人都是野蛮人的观念。这些"野人"偶尔有一点文化当然是沐了他们的余光。他们就不自觉地说出这般话来，闭着眼算隔壁账——不会准确。可是百年来的国势不振，处处不如人，一般智识阶级无形中有一种自卑心绪。他们自诩脱离了"天子圣明，臣罪当诛"的境界，却陷入了"外国人圣明，中国人该死"的田地。在"外国人的话总是对的"这大前提之下,承认了这个西来说。这不但和旧传说、旧记载牴触;考古和地下发掘也否认它,都一致证明了中国文化的自发和独立的发展,既不是西洋学者所说的西来,也不是日本学者所说的东来。事实总是事实,争辩已成过去,旧话不必重提了。

文化的发展是渐进的,不是骤变的。开天辟地当然不是一个人或几个人的力量,不是几个人一跳出来就天地光明,宇宙灿烂。但是长时期,千万人的事业,却能从少数人身上看出来。似乎最精粹的东西都结集在他们几个人身上。 一幅画的龙,鳞爪虽是活灵活现,我们总觉得它的精神全部从两只眼睛上透露出来。历史上往往着重描述伟人,正是提纲挈领,画龙点睛。年代久远,记载缺乏,描写古代伟人不是容易事。先民的传说质朴无文,他们形容一个伟人,不能像现代的史家有许多技巧。现代的作者可以连篇累牍写一个人而不致过分失实。先民恰相反,话虽不多,一下子就说过了限度。 富于幻想的述说者,把古代伟人说成神;着重实际的述说者,把他们说成圣;一切文明的产物都归功于他们。我们的古传说,后一类居多数,这些传说自有他想表达的真意义,你不要被它的神奇蒙蔽。完全信他固是大谬,因而鄙弃也是愚笨。我们要深入一层看。 这些传说形容和描写的是民族伟人,同时也说明在这几个阶段中我们祖先对文化的卓绝贡献。从文化发展的观点看，这些传说都有很清楚的含意。前人的记载确有可信。让我们举一个有趣的例子，汉朝人作的《越绝书》有一段记春秋末年楚国风胡子相剑的故事：

> ……风胡子对曰："……时各有使然。轩辕、神农、赫胥之时，以石为兵，断树木为宫室。死而龙臧。夫神圣主使然。至黄帝之时，以玉为兵，以伐树木为宫室，凿地。夫玉亦神物也，又遇精圣主使然。死而龙臧。禹穴之时，以铜为兵，以凿伊阙，通龙门，决江，导河，东注于东海。天下通平，治为宫室。岂非圣主之力哉。当此之时，作铁兵，威服三军。天下闻之，莫敢不服。此亦铁兵之神，大王有圣德。"楚王曰："寡人闻命矣。"

人类文明的进步，按照应用的器具划分成四大时代，是近代史家的事。我们这段记载是两千年以前的说法。所指的人物和时期虽不尽可靠，所分的时代和次序则确不可移，"时各有使然"，正是说时代有变迁。最古的"以石为兵"，就是现在所说的旧石器时代。"以玉为兵"的时代，就是新石器时代。"以铜为兵"的时代，就是铜器时代。"以铁为兵"的时代，就是现在所说的铁器时代。春秋末年，铁器开始通行，这些器物的改变对人类影响之大，无法形容，就称它们为神物，推尊开始用它们的人为圣人。古史简略，只提出几个伟人和几件大事，时代又弄不清楚，后人对这些记载的印象，不自觉地认为时代很短，伟人过度密集。又加以形容伟人的方法不得当，夹杂很多的神话，更容易使后人疑而不信。但这些雾障终掩不住背后的史实，埋没不了伟大人物的功绩。从我们下面叙述的故事里，我们仍然可以看出黄帝、尧、舜、禹、汤、文、武、周公的依稀面影。

第二章　黄帝的故事

传说中的黄帝，是中国历史上第一个伟人，是奠定中国文明的第一座基石。在他以前，人类虽然已经开始前进，对事物已经有很多的发明；但是到了他，似乎有一个时期的激剧发展。在他以前，人类只是应付自然环境，人与人间很少可以纪念的事情。到他才有平蚩尤的故事，永久流传下来。关于他的传说，虽有不少，而荒诞离奇的也太多。我们只能作一个远远的透视。

第一节　黄帝和炎帝

我们自称为"炎、黄子孙"，是很有道理的。在那时，中华民族散居各地，形成许多部族，有两个部族最有名：一个是偏西的姜姓部族，炎帝神农氏是他们的首领；一个就是偏居东方的姬姓部族，黄帝是首领。据说黄帝和炎帝同是少典的子孙，同出于一族，后来分散迁徙,一个住在姬水附近,一个住在姜水附近。日久年远,两部风俗习惯的差异越来越大,变成两个族类。繁衍扩张以后,再行接触。炎帝神农氏这一支发展较早,他这个帝号名氏,含有在南方和长于耕种的意思。据说神农生于厉乡,又说他生于列山之石室,称厉山氏或列山氏(列又写作烈。列、烈、厉,都是一字一声之转变)。厉乡到春秋时为厉国,大概在现在的湖北随县北百余里。他的子孙在西周时有申、吕两国,都在现在的河南南阳一带。神农的故事都和耕稼有关,古时候平地多湖沼,不便居住。山地布满了森林茂草,和野兽同处,由披兽皮、吃生肉的游猎生活,慢慢进到耕田食谷。五谷是从哪里来的呢?自然是地下生出来的。地下哪里来的种子?推源溯始,我们的古传说,说"天雨粟"——从天上掉下来的。神农拿它来播种,神农怎么知道播种?他是生而使然。传说他"三岁知稼穑"。这一族开始发展农业,他们的功劳,都由神农氏代表着,而神化了神农。他们开辟山林,多半利用火,放火烧山,烧出一片平地,灰就是天然肥料,所以神农又叫烈山氏。他们开始大量吃植物的种子,有了疾病,自然也容易想起吃某几种植物或者可以治疗,后来就推神农为植物药的发明者,说他"救民病,尝百草,一日而遇七十毒"。农业生活比较稳定,他们慢慢地扩展。当时自河南中部以东多沼泽,不适农耕,这一族顺着豫西群山向北分布直到山西的南部。这一带地势较高，便于耕种，他们大概安居得很久（有的传说说神农传七十世）。东方的黄帝西来，两个部族又融合混同。

古史上对于黄帝的称谓，种种不一。他的帝号，又叫皇帝，又叫黄精之君，又叫中央之帝。他的姓氏，因为居"轩辕之丘"，称轩辕氏。因为他是有熊国君，称有熊氏。长于姬水，所以姓姬。他是少典国君的子孙，又姓公孙。其余还有黄帝氏、帝轩、黄轩、轩黄、轩皇等名称。这些名字多半和他住的地方有关。他最初活动的地域约在现在的河南中部，后来到达山西南部和陕西边境，《史记》说他"迁徙往来无常处，以师兵为营卫"，这自然是游牧部落的常态。他是有熊国君，有熊是后来的河南新郑县，县西北有轩辕丘，又有黄水，《水经注》说："黄水出太山南黄泉，东南流径华城西。至郑城东北与黄沟合，注于洧水。"黄帝的名称或者和黄水、黄沟有关。太山又叫自然山，在新郑县西。有的书上称黄帝为黄自然。据今想来，"自然"两个字或是"有熊"之误。新郑附近还有许多地方都和他的传说有关，《庄子》上说："黄帝见大隗于具茨之山"，具茨山大概在现在的新郑西禹县北边。又说："黄帝登崆峒，问道于广成子"，崆峒山在临汝县南六十里，临汝西有广成泽水。"黄帝既登崆峒，遂游襄城。"襄城在现在的襄城县西。《史记》上说："黄帝采首山之铜，铸鼎荆山之阳"，首山在现在的襄城县南五里，西边迤逦直接嵩、华。这些说法都足以说明黄帝活动的范围。《列子》上说："黄帝梦游华胥之国"，新郑附近有华城，有华阳亭，就是古华胥国。古书上往往说豫州有华山，豫州现在是河南省，所说的华山，在洛水东边，大概就是现在的嵩山。现在的登封、禹、密数县间，古人称做华，这里又是夏朝的兴起地。我们现在自称中华，从前又称华夏，就起源于此。古时新郑附近最多薮泽，水草丰盛，禽兽众多，适合于游猎，黄帝当时是游牧部族，在那里最相宜。他这一族在文化方面比较落后。

第二节　黄帝的降生

一个庸庸碌碌的人，生也好，死也好，生死除了对他自己有意义以外，对社会人群毫无影响，历史上更不会记到他。这样，真叫人有死了一个蚂蚁之感。一代伟人，人们回想起来，他生死似乎都不是偶然。他对后人的影响，使人觉得他的降生真是惊天动地，死亡真是山崩水竭。煊赫和寂寞是别人的感觉。这种感觉羼进传说，加入了多量神话。据说黄帝是有熊国君少典氏的儿子，母亲名附宝，她有一天晚上看到绕北斗第一星，天枢起了一道电光，照耀四野，因而怀孕。二十四个月生黄帝，生的时候，紫气满屋。长大，身高过九尺，"河目，隆颡，日角，龙颜。"我们想一想看：一个黑暗的晚上，只有微弱的星光闪铄着，北斗比较明亮，忽然绕着它起一道青白的电光，四野通明，这是什么景象？这是说他在黯淡的古史上的地位。我想还应当有霹雳一声雷，惊醒了中国文明。精神上他与常人不同，后人觉得他形貌也应与众有异，于是就真的与众有异。黄帝生下来很小就会说话，有的说他还没满七十天。十岁就对当时情形有相当明了，明了自己的责任。长成，当然是个聪明非凡的人物。

当时偏西的姜姓部族，"刀耕火种"，繁荣已经很久，比其余的部族强盛有力，地位较高，它的首领为各部的共主。当时神农氏的后代叫参卢，号帝榆罔，势力渐渐衰弱，各部落纷起争夺，里面最强暴的是苗族，又叫"九黎之民"（他们并不是现在的苗族，这一点后人把它弄错），首领叫蚩尤。他们散布的区域和姜姓部族大致相同，或者还偏西南些。他们和姜姓部族杂居，免不掉血统混合，所以有的记载说他们也是炎帝之后。蚩尤又叫阪泉氏，蚩尤这名称，似乎是他们首领的通称，并不专指一个人。他们的文化并不太落后，铜器似乎是他们首先用的。据说山上骤发大水，金属矿随水流出，蚩尤得到它制造兵器。一个强悍好斗的部族，又有犀利的兵器，对于当时的骚扰，可想而知；人们也把他们看成一种可怖的怪物。后来的传说中,他们就真成了怪物。他们似乎有许多部落,酋长都叫蚩尤,于是后来就传说他兄弟八十一人。他们或者身上雕涅花纹和穿着奇特的衣服,于是就说他们"兽身人语"。他们战斗时或者用铜块铜片保护头部,有简单的头盔,于是就传说成"铜头铁额"、"牛耳,鬓如剑戟,有角。与轩辕斗,以角觝人"等等说法,不一而足。姜姓的炎帝起初采取和好政策,重用他们,让他们监临四方,他们自然侵略兼并。炎帝命他们住到东方少昊的地方,侵入了姬姓的范围,蚩尤似乎不愿意和东方强盛的部族冲突。炎帝已很微弱,蚩尤想吞并他,代为共主,在"涿鹿之阿"发生战争,把炎帝打得落花流水,"九隅无遗",把炎帝的地方都占了去。

第三节　黄帝伐蚩尤

假使蚩尤得志,中国历史也许完全是另一回事。炎帝处置不当,覆亡逃遁。黄帝起来收拾残局,先把炎帝的余众收服下来,再和蚩尤决战,战场是在阪泉、涿鹿两地,后来往往认为两地都在现在的察哈尔省南部。我们前面已讲过,炎、黄活动的区域差不多限于河南省和山西省南部,他们决不会跑到察哈尔省南部去打仗。其实这两地都在现在的山西解县盐池附近,阪泉有时候写作版泉,是流入盐池的一个泉水。

解县西南二十五里有浊泽，一名涿泽，就是古时的涿鹿。盐池附近还有许多蚩尤的古迹，他和盐池似乎有密切的关系，或者当时已盛行食盐。强有力的部族据盐池为己有，利用它挟持他族，因而惹起争夺。后来盐池晒盐，崇奉蚩尤神，还有种种神话说盐水是蚩尤血，说蚩尤发怒使水不成盐，都显示和他定有关系。蚩尤把炎帝榆罔赶跑，自己也称炎帝，想做共主。炎帝看到自己不是蚩尤的对手，就到黄帝那里请他帮忙。姜姓部族历史很久，地域广大，部落恐怕也很多，一旦失掉了维系，大部分投降蚩尤，有的恐怕也联合黄帝，有的自立自主，炎帝不能再把他们团结起来一致对付蚩尤。黄帝倒有这种力量，他开始北渡大河，穿过王屋山，先征服在蚩尤附近归附蚩尤的姜姓部族，在"阪泉之野"经过三次大战，才获得胜利，剪掉蚩尤的羽翼，收服了姜姓部族，炎帝从此失掉了共主的地位。

黄帝和蚩尤的战争，是古时候第一个惊天地、动鬼神的大战。后来的传说，也真加入了天地鬼神。双方的阵容大概是这样：黄帝久居东方，国力充实，基础稳固，友邦众多，凡被蚩尤欺侮的部族，都到这边来求援。那时黄帝已渐渐学会农业，不是纯粹的游牧部落了。蚩尤骤然强盛，侵凌弱小，人们只是无可奈何他的"铜头铁额"、"兵杖刀戟"。他虽慓悍强勇，武器犀利，却未必有胜算。《周书》批评得好："武不止者亡。昔阪泉氏用兵无已，诛战不休，并兼无亲。文无所立，智士寒心。徙居于独鹿，诸侯叛之，阪泉以亡。"这批评的是蚩尤，也正为千古专恃强力欺凌弱小者写照。黄帝并非纯恃文德，武功方面自有长处。蚩尤向外扩张，黄帝早准备抵御，据说他"教熊、罴、貔、貅、䝙、虎"，"驯扰猛兽"，利用它们作战。驱使猛兽作战，到王莽时还有类似的事情。或者像从前印度、缅甸、安南各国的象队，或者他教的熊、罴、虎、豹不是真正的野兽。古人往往用猛兽的名字称呼家畜（尤其是马），表示雄健。他是游牧部族，驱使牛马上战场是很可能的。据说车也是黄帝发明的，他也利用车战。他还有一种厉害武器，相传他的大臣发明了弓箭，"弦木为弧，剡木为矢。"中国古代偏居东方的部族往往擅长弓矢，质料虽是木石，能射强及远，在当时确是一种可怕的新式武器。这些地方，蚩尤都相形见绌。传说黄帝部下还有几员大将，最著名的是风后、力牧，后来讲兵法的人推他们为祖师。关于他们有一个有趣的故事：黄帝一天夜里做了一个梦，梦见"大风吹去天下尘垢。又执千钧之弩，驱羊万群"，醒后，他推测"风"是一个人的姓，"垢"去土是"后"，拉硬弓是有"力"，驱羊是"牧"，他疑惑梦指示他寻找风后、力牧两人，后来果然在海边遇到风后，在大泽中遇到力牧。据我们猜测，风姓是东方近海的一个大部族（太昊伏羲氏的子孙散居沿海都姓风)。风后或者是联合黄帝的一个东方部族的首领,力牧是说在草泽中强有力的游牧者。

黄帝北征,和蚩尤一角胜负,最后一次决战在涿鹿,事先还经过许多小战和长久的时日。有的传说,他们七十一战不能解决。有的说,黄帝"顿兵浊鹿之山,三年九战而城不下",两方面都相当坚韧。从许多神奇的故事中,我们倒可以谈一谈他们所用的战术和器械。人类最初的战争,大概总是一团混战。人数稍多就需要行列、阵式。似乎黄帝发明了新的阵法,有节制,有计划,这对于作战很重要,也许是黄帝胜利的主因。我们前面说他驱猛兽,用车战,处处都显示黄帝有种种聪明巧妙的战法。这叫平常人很易疑惑他是得到神助,得自天授。他当然也可假借神力。于是有王母使玄女赐兵符给他的故事,有天帝使玄龟献兵符给他的故事,都说他从那里边得到行兵布阵的方法,战胜蚩尤。蚩尤除了"铜头铁额"、"剑戟戈矛"外,还能"驱罔两,兴云雾,祈风雨","征风,召雨,吹烟,喷雾",这类故事流传很多。驱鬼、召神、兴云、布雾、吹烟、弄火,固属神话,可是他们如此传说,也有背后隐藏的事实。炎帝这一系下来的人善用火,他们开辟山林就是用火烧。蚩尤大概是把火引用到作战方面来,所以有"炎帝氏衰,蚩尤惟始作乱。赫其火烊,以逐帝","赤帝为火灾"等传说。又有的说,黄帝伐蚩尤是消弭火灾。古时到处是丰林茂草，处处可以燃火。炎帝能烧山作田，蚩尤当然能在敌前放起一把火来。火势盛起来，火焰涨天，烟雾匝地。在今日我们看来，尚不免惊心动魄，在视火为神灵、非人力所及的时候，只有奔窜溃逃。可是火在潮湿的草林里面，不见得烧得很顺利。恐怕烟多火少的次数多些。一方面潮湿空气遇到烟很容易成雾（水蒸气凝结需要微粒作中心核，烟是最适合的微粒），一片浓烟浊雾熏得人头昏目胀，一群奇形怪状的蚩尤们在后面喊杀过来，的确可怕。逃走都辨不清方向，这比现在发明的烟幕弹要厉害得多。当时的部落吃这个亏的不少，都没有办法来抵制它。其实只要不被它吓昏，阵式稳定，他已无可奈何，再能辨清方向，和不失联络，就可以战胜他。前面讲过黄帝用车战，车子大概总是很粗陋的，也许只是几块大木头连在一块，不过这就可以防御敌人的突袭。这种东西转动笨拙，战士必须成群结队，才不容易被人冲散。目标大了，便容易看到。黄帝又发明了指南车，指示方向，指挥进退。据说他还制造夔牛鼓，这种鼓特别响，"一震五百里"，响亮的鼓声，不但可以联络较远的战士，还可以传递消息。在原始民族中鼓的用途很大，不同的音节可以报告不同的消息。从前中国南部蛮族的铜鼓就有这种作用，现在非洲民族还利用它。据说意大利侵略阿比西尼亚的时候，阿国就用一个传给一个的鼓声发布全国动员令，几小时之后，就传遍了全国。

蚩尤的兴云布雾，失掉效用，他还会征风召雨。一个农业民族因为农事的需要，特别注意天时。积长期的经验，能很准确地预期风雨阴晴，原始的人恐怕更灵敏些，久经从事农耕的蚩尤部族对于这些，比游牧的黄帝擅长。他们预知风雨阴晴，可以先决定进攻或退守。一阵暴风雨可以冷不防地袭击黄帝的战士。蚩尤们事先躲避，安然无恙。于是一次偶然，二次奇怪，三次神异，四次就变成蚩尤征风召雨了。应付这一层，自然很简单。据说黄帝请下叫"魃"的天女来制止大雨，才战胜蚩尤。多雨的季节，黄帝很吃过苦，恰巧碰到一个旱年，自然是天助、是祷告的结果。蚩尤境内大旱不雨，农耕会受到严重的影响，促使他灭亡。一幕长期血战，黄帝终于在涿鹿大败蚩尤，结束了战争，捉到蚩尤，杀之于中冀，身首异处，埋葬到两地。对于他们不服的遗族，当然还有零星的战事，以后颛顼、尧、舜、禹屡次征伐苗黎，历代都为国家要事，可见他们倔强不服，常常发生冲突。不过大势已定于黄帝手中，战俘分别处理：良善的，迁到"邹屠之地"；凶恶的，加以木械，驱逐到"有北之乡"；降服的，黄帝也重用他们。黄帝开始学习农业，农作物和季节气候最有关系，先民很早就注意到天文知识。蚩尤们有较久的经验，黄帝就用他们作"当时"，主天文，地位很重要。他们又有铸铜的知识，就使他们制造兵器。当时金属品似乎并不多。

黄帝的武功在涿鹿之战达到最高峰，蚩尤灭亡以后，诸侯推尊黄帝代神农为天子——当时的共主。各国并立，最不容易安定。黄帝大胜之后，精神不免稍有松弛，较远的部族又开始不安，四方渐渐多事。黄帝觉悟得快，一方面耀武示威，图画蚩尤的形象送给他们看，意思是说：你们不要忘掉蚩尤的故事，他那样凶狠，而今安在？再则你们都怕蚩尤的坚甲利兵，我们是征服蚩尤者，又得到他们的兵甲，你们要量力，不要妄动。一方面立即整顿军队，讨伐乱者，他们当然不堪一击，黄帝才真正平定当时的世界。北方的荤粥族（后来的匈奴）趁南方多事，向南侵占，黄帝也把他们赶回去，黄帝的疆域虽比不上现在的中国，但也有相当大，《史记》说他：

> 披山通道，未尝宁居。东至于海，登丸山，及岱宗。西至于空桐，登鸡头。南至于江，登熊湘。北逐荤粥，合符釜山，而邑于涿鹿之阿。迁徙往来无常处，以师兵为营卫。

西边到空桐，我们前面已经讲过，是在河南省的西部。南边的熊湘也并不太远，大概就是后来称熊山的，现在的河南熊耳山。东边到海，登泰山。北边到现在的山西南部。常在釜山朝会诸侯。釜山大概就是现在河南阌乡县南又名荆山的覆釜山。涿鹿附近经过炎帝部族的开辟和耕种，农田已有相当规模，农民定居一处，自然会有村落堡寨。黄帝就原来的情势，在涿鹿之阿，建筑城郭，大部分的游牧者仍然迁徙无常。

第四节　黄帝的文治

捍御外侮，平定祸乱，要靠武功。稳定基础，凝固国家，要靠文治。两者缺一不可。无文治，武功即成泡影。无武功，文治无从树立。无论文治、武功，人材最要紧。据传说黄帝的贤臣很多，虽未必见得尽可靠，但就黄帝的事业看，也确需一辈贤哲之士来辅佐帮助。据说他以大填、封钜、岐伯等为师友，求他们教导。古人理想的政治领袖总要礼贤下士，尊奉年高有德的人们，听他们的忠告。年老人的经验和知识，特别为先民所看重。黄帝这一族里，自然也有这样人物指导黄帝。其余的大臣据说还有太山稽、常先、大鸿等很多人。对于农业人材尤其注意，据说他四季都有专门指导农事的官。从游牧慢慢走上农业是一个大转变，身当转变中的重要人物要承接过去，适应当前，开辟将来。各部落从事耕种，看重土地，这些土地又要是固定的，部落间的疆界比以往要清楚。大乱以后，部落有很大的迁动，划定界限更不可缓，黄帝是共主，怎么样平均分配，划分清晰，是要黄帝筹划的。据说黄帝"命风后方割万里,画野分疆,得小大之国万区"。当时部落很多（当然不是恰好万国）,黄帝威势盛极一时,大家相安无事,生活固定下来,就"烧山林,破增薮,焚沛泽,逐禽兽",开辟农田,建筑房舍。黄帝发明了舟车,道路平治,交通方便,部族中间来往渐多,黄帝处理诸侯的事务也容易些。他又"置左右大监,监于万国",叫两个大臣帮他处理和监视他们,国与国间有了办法,人与人间耕地也有相当的分划,据说后来的井田制就从这时萌芽。

据说黄帝即位做共主的时候有"云瑞",就以云名官,官吏都以云为名号,古记载上有"缙云氏"这个名号。有人推测说,这是黄帝的夏官。另外还有春官青云氏、秋官白云氏、冬官黑云氏、中官黄云氏。其实以云名官,未必因为祥云笼罩,恐怕这和农业有关。《周礼》上说："以五云之物辨吉凶、水旱,降丰荒之祲象。"北方雨量少的地方常闹旱灾,望云占雨,成了那时候的重要职掌,就衍变成官名,就传说成以云名官了。古时的刑罚主要的有五种肉刑："大辟"是斩首,"劓"是割鼻,"刖"是断足,"宫"是去生殖器,"黥"是刻面涂上颜色。还有其余次要的刑罚,相传是蚩尤作乱以后制作的。有的说这一套就是苗族原来用的,黄帝恐怕也沿用它,法律的详情现在无从知道,当时设有李官,专司刑法。《史记》记载黄帝说:"于是有天、地、神、祇、物类之官,是谓五官。各司其序,不相乱也。"除了治理人事的官以外,另有司天地、祭奉神祇的官。司天的官是观察天文制作历法的,在那时特别重要,为农耕的指导者,为自然的控制者,后来流传的有黄帝历法。祭祀神祇是属于先民宗教方面的事,不过中国历史上始终没有僧侣阶级,宗教没有独立性,凡有宗教意味的事都融合在政治里。祭祀神祇有专官,是行政的一部分,这些官不能干涉民事,"各司其序,不相乱也",这种观念起源很早。《史记》又称赞说:"民是以能有信,神是以能有明德,民神异业,敬而不渎。故神降之嘉生,民以物享。灾祸不生,所求不匮。"惟有这样,民众才头脑清楚,不致迷信,神也不至于羼杂着人的阴谋诡计,才显出他的高超纯洁。他们各尽自己的职分,各治自己的事情。人对神恭敬不敢亵渎,不至闹两边战壕里共求一个上帝保佑的笑话。神对人只是普遍的降福,赐给他们丰收的五谷,人对神祇要拿祭品供献。神是向全人类讲话,单个的人不能分别地祈求。共主是政治的领袖,是全民的代表,他可以祭天求福,求农事的丰年,不关他私人的事。关于这方面,黄帝也做有相当成绩。在泰山上"封禅",是相传很古的一种典礼,据说在黄帝前已经有人举行,后来一直到宋朝,在泰山顶上,积土为高坛,行祭天礼,叫封。下来在附近找一个小山,除地作平墠,行祭地礼，叫禅。据说古时封禅泰山的有七十二君，只有黄帝得上泰山封，其余的往往遇到风雨和灾异不得上去。他还封东泰山，禅凡山，其余山川鬼神种种应有的祭祀，他都能虔诚执行，得到人民的景仰和上天的赐福。相传他得到天赐的宝鼎——铜鼎，在那时是珍奇的。

黄帝劳心力，用耳目，节省水火财物。上知天文，推测日月星辰的运行，预知四时季节的转换。中知人事，别男女，异雌雄；制作用具，建造房屋；畜牧鸟兽，化野为驯。下知地利，播百谷，植草木；利用土、石、金、玉。他成就了这样的功业，于是他活着的时候，民得其利百年。他死后百年余威犹在，人民还像常听到他的命令。再一百年，人民淡忘了他，可是还用他教导的方法。后来说他寿三百年，其实人们永远忘不掉他。后世传说纷纭，把他那时候说成理想世界。有的说他"职道义，经天地，纪人伦，序万物，以信与仁为天下先"。有的说："黄帝之治天下也，其民不引而来，不推而往，不使而成，不禁而止。故黄帝之治也，置法而不变，使民安其法者也。"有的说："黄帝治天下，日月精明，星辰不失其行，风雨时节，五谷登熟，虎狼不妄噬，鸷鸟不妄搏，凤凰翔于庭，麒麟游于郊，青龙进驾，飞黄伏皁，诸北儋耳之国，莫不献其贡职。"后来道家除了推尊他的政治是清静无为的理想政治以外，还和老子并称为道家之祖。说他私人生活，敬谨小心，恬淡无为，修身养性，"声禁重，色禁重，衣禁重，香禁重，味禁重，室禁重"的清心寡欲。黄帝和老子一样，主张虚静的道家生活，因此得享高寿。后来讲服食仙药，修炼神仙的人们，更进一层，竟说他长生不死，成了真仙。不过他有这样的事业，私生活总不会太差。后人装点粉饰，反致失真。

第五节 黄帝的制作和发明

前面我们讲的是黄帝在军事政治上的成就，现在看看他对于事物的制作和发明。制作发明最难讲，因为后来传说纷纭，一件器物，这个说是某人发明的；那个又说是另外一个人发明的，甚至有三四个不同的说法。时代既弄不清楚，性质又不明了。现在要一定断定哪一说是，哪一说非，真是非愚则诬。就是现代的发明者，定要指定是某一个人，也很勉强。譬如蒸汽机，大家都认为瓦特是发明者，其实他只是改良前人的成绩，他以后，还经过许多人的改良。古时情形，更不能拿现在的标准衡量。一个发明家，既没有呈请专利的方法，也不是一个人在那里苦心积虑地发明，往往是无数人渐次累积的结果。严格说起来，那个最初把树叶挂在身上的人，就是衣服的发明者；最初把纤维编成一小片的人，就是布的发明者。这样究竟是谁呢？我们更不要忘记中国在那时候是一个世界，有许多部族并立着。一件器物的发明，各族有各族的传说，各族有各族的来源，决非出于一手。在近代，还有两个各不相关的发明家同时发明的故事；在古时，更可想见。有了这两个原因，后来的传说当然要分歧不一。再经过长时期的口口相传，以讹传讹，错误百出，一个人传成几个人，几个人合成一个人；一个通名变成专名，一个族名变成人名；人的神化，神的人化；更迷离恍惚，莫可究诘。可是传说虽不尽可靠，却不是不能讲。二千年前对发明的传说已经有了两个解说，战国时荀卿说过：

> 故好书者众矣，而仓颉独传者，壹也。好稼者众矣，而后稷独传者，壹也。好乐者众矣，而夔独传者，壹也。好义者众矣，而舜独传者，壹也。

仓颉不一定是文字的发明人。他虽喜欢研究文字，研究文字的也不止他一个人。可是他有显著的成绩，他可以专门名家，他的名字就传下来，成了后代的名人，其余的都被忘掉，和文字发生关系的人就只知道他一个了。这是说，有了发明的成绩，就成了流传千古的名人。其实据我们的推测，不如说成了千古的名人就会有发明的成绩。《易经·系辞》上说得很明白，它说古代器物的发明和制作都是古圣王的功劳。这种说法不是瞎讲，却是实情。我们试想一个偶然在地下掘洞见水的人，他未尝想到自己发明了井，更没有想到鼓吹宣传，预备在历史上占一页。当时或许惊异一下，以后有机会再试一次，或者告诉别人，或者就模糊过去，湮没无闻。假使这件事情传到一个聪明的酋长的耳朵里，或者是他自己的发现，结果就不同些。他可以盘算一下记在心里，等他发生兴趣或感觉需要的时候，他可以叫自己的部落掘井取水。他的推广力大，地位显著，当然人都说是他的发明。我们晓得这种情形，就明白上面的说法。古代的发明者不是圣王就是贤臣，并不是只有他们能发明，更不是他们有发明者的专利权。因为只有他们才能被人知道，被人记忆流传，后来只能认为是他们的发明。他们汇集各方面的成果，发明者的头衔也加在他们身上。他们和这个发明也确有关系，因此我们便看他作为那时候的文化代表人。黄帝胜蚩尤是当时一件大事；因而各部族糅杂剧烈，社会变动频繁，局面一新，新情势需要新工具，黄帝集合各部族先民的成绩来利用，来推广，来改良，来发明，他融合混同的功劳很大，传说中他和各种发明和制作都有关系。这种情形，一方面是后人的推尊，一方面也是这个道理。我们分门别类地看一看这些故事。

（一）**关于天文历法方面的**。《世本》说："黄帝使羲和占日，常仪占月，臾区占星气，伶伦造律吕，大挠作甲子，隶首作算数。容成综此六术而著调历也。"古时的人，天天和大自然相处，白昼看到轮转不息的太阳，黑夜看到盈缺相乘的月亮，又看到慢慢转换的明星，疑问真不知道有多少。它们究竟是怎么回事呢？为什么这样轮转不息？为什么又常常地变化？它们怎样变化呢？它们又和我们人有什么关系呢？要想知道它们如何变化，就开始了天文学，开始了历法。先凭眼和脑积累经验，再利用器械和工具推测它们的运行。于是太阳一出一没是一昼夜，一度月圆是一个月，一根固定的木标两度影子最短的时期是一年，大火星的西流报告了热季的来临。因为需要计算，就开始了算学。天空的景象有经常的转换，又有骤然添上的奇景。每天晚上的流星，隔一个时期的月蚀和日蚀，拖着一族长尾巴的彗星横亘长空，种种怪象，使人敬而畏之，使人不舒服。人觉着可怕，似乎将有灾难发生。人的情绪不宁，就不知不觉以为天象伴着人类的灾祸和幸福。祸福，实际是人自己努力的结果，于是乎有天人相应的想法。人作恶事，天降怪象，人有灾祸。于是占星、望气、推测灾祥之学应运而生。这些学问有联带的关系，黄帝时都渐渐有了基础，《世本》上的几句话我们稍为分析一下：

1 羲和占日——羲和大概是占日的官名，不是人名。关于他有许多神话，《山海经》说："有羲和之国。有女子名羲和，方浴日于甘渊。羲和者，帝俊之妻，生十日。"这说她是一位女神，生了十个孩子就是十日，她在甘渊替他们洗浴。古神话是说天上十日并出的。《离骚》说："吾令羲和弭节兮，望崦嵫而勿迫"，羲和变成替太阳驾车的神。据说太阳坐着车子，六条龙拉着车子，羲和是车夫。或许远古神话中有这样一个日神，黄帝、尧等就用作占日的官名。推测太阳的运行，本来是历法的一部分，所以有的记载又说"羲和造历象"。自然界的现象，人类最初有不可捉摸之感。测验它的变化，具有把握控制的意味。打破它的神秘后，人类真觉得是捉到了它。能规定它的行动，觉得能驾驭它。天上的羲和神是"御日"，人间的羲和官是驾驭日。或许远古天文知识才开始的时候，有一种占望的人叫羲和，人们觉着神奇，就传成神话，由神名变成人官，由人官变成天神，都有可能，我们不能把二者混而为一。

2 常仪占月——常仪也是官名而非人名。《山海经》说："有女子方浴月。帝俊妻常仪生月十有二，此始浴之"，这和羲和的故事相似。羲和生十日，是说他分十日为一旬。或有竟用甲、乙、丙、丁等十个天干来名日，一旬一轮流。常仪生十二月，是说他因为十二次月的圆缺，把一年分成十二个月。或者竟用子、丑、寅、卯等十二个地支来名月。占日占月本含有神秘性，愈传愈奇，羲和生了十个太阳，天上十日并出，地下太热了，动植物都烧焦，幸亏出了个善射的后羿，他张弓搭箭射死九个，只剩下一个。常仪变成嫦娥，嫦娥是后羿的太太，偷吃了他长生不死的仙药，跑到月亮里面，变成住在广寒宫殿的嫦娥仙子。后羿和日月都有关系，说不定他对历法有过一度的改革调整。十日并出只是历法紊乱，把一天的名字，这个说是甲日，那个说是乙日，又有的说是丙日、丁日……一天竟分歧成十日，由后羿把它纠正过来。假使是部族间的传说歧异，恐怕还需要武力来贯彻。"后羿善射"，是说他这一族善射。射死十日，是说他逼迫他族承认他这个历日。

3 臾区占星气——臾区又叫鬼臾区，又叫鬼容区，据说是黄帝的一位大臣。古人除了记载星辰天象，划分星宿和凭经验来定风雨阴晴以外，还要看星光的昏明，流星，陨星，来推测是祥瑞，是灾异。看云的色彩、形状，风的方向、猛缓，来断定什么事要发生。这套学问各民族都有，而且很流行。在中国也是源远流长，后来成了专家之学，历史上有许多占星望气的故事。

4 伶伦造律吕——先民不只是用眼睛看，还要用耳朵听。听到自然界的种种声音，加以仿效就是音乐的起源。音乐在古时发达最早，古人最看重它，古帝王都以作乐为必要的大事。从前人把音律和历法讲在一块，说度、量、衡都从乐律推衍出来。大概原始的人对于数目的观念，从乐律得来，因为计算的关系，把律、历合讲。同时季节的变换，影响到人的心情，也变换了自然界的音声，而音乐也能转移人的情绪。自情绪相同的观点看，某种乐奏起来温煦如春，某种肃杀如秋。因此人们深信音声和季节有关，也把乐律和历法合讲。先民制定音乐的法则，怎么样区分音调和音调的标准，都推始于黄帝。最初用的只有五个音，就是宫、商、角、徵、羽。后来加上变徵、变宫两个"半声"，成了七音（相当于西洋用的 do、re、mi、fa、sol、la、ti 七音）。又因为声调转变的关系，衍成十二律。另外换上黄钟、大吕、太簇、夹钟……等十二个新名。其实律就是音，黄钟是原来的宫，太簇是原来的商。只另外加了五个。不过律字含有固定法则的意味，音是一个普通名词。十二律从黄钟数起，单数的又单分开叫"律"，双数的叫"吕"。黄钟、太簇等就是律，大吕、夹钟等是吕。分称律、吕，合称律。伶伦是黄帝的大臣，据说伶伦奉黄帝之命作律，他从大夏到阮隃山北，在嶰溪谷找到适合的竹管。竹管要生得好，厚薄均匀，孔口大小不变。截下一段，吹它的声音作基本音，就是"黄钟之宫"。这一段有一定的长短，拿它作标准，制成长度不同的十二个管，应十二律。他又到阮隃山听凤凰的鸣声来校正它们，雄鸟鸣声有六等，相当于六律；雌鸟鸣声有六等，相当于六吕（雌声高些）。其实黄钟管长短既定，其余的管子都可以按比例算出，所以"黄钟之宫，为律吕之本"。竹管子是不容易保存的，黄帝又命伶伦和荣将铸十二个钟作乐音的标准。据说当时还有"女娲作笙簧"，"随作笙"等。黄帝作了一部乐叫"咸池"，在古传说中是很有名的。

5 大挠作甲子——甲子就是后来的干支，以干支记日，来源很古，甲、乙、丙、丁、戊、己、庚、辛、壬、癸，叫做十干；子、丑、寅、卯、辰、巳、午、未、申、酉、戌、亥，叫做十二支。二十二个字的意义和起源，后人纷纷解说，没有一说近似的。用它们记日，却是自有记载以来的事实（记年是后来的事）。容或最初仅用天干，后来又配上地支。干支相配，可以记六十日，六十日的名称不容易弄错。甲子不会写成乙丑，初一日很容易写成初二日。最大的好处还是更改历法时，年月日的数目字根本靠不住，而甲子则一周六十日再接一周六十日，连续不断，可以绵延永久，这是一个很聪明的办法，相传是大挠发明的。大挠是黄帝的史官，黄帝曾以为师，或许这种风俗是黄帝部族特有的。

6 隶首作算数——数目完全是抽象的东西，离开实物，很难把捉一、二、三、四是什么。先民对于它的发明，需要很长久的时间，我们只要看幼童把捉数字的困难就明白了。音乐在各民族中发达最早，乐律和数有密切的关联，因为七音（或十二律）间有一定的关系，这种关系可以拿竹管和丝弦的长短（或钟的容量）来表示。不过发宫音的管子和发商音的管子的长短仅有固定的比例，而无固定的长短。譬如说商比宫是8/9，拿九寸长的作宫则商管长八寸，拿八寸一分的作宫则商管长七寸二分。这一种比例关系显示了数之有独立性。而声音又是渺茫不可捉摸的，和眼见的实物不同，于是数就离实物而抽象为自然界一种神秘的性质。古人把音律和数合讲，又说度、量、衡等数量观念全由乐律推衍而来，是有历史根据的（西洋古乐律和中国的相似，是希腊大数学家比打哥拉斯Pythagoras创建的）。隶首是黄帝的史官，他或者是一位古算学家。当时文明急剧进步，算数是必须的工具，它就应运而生。

7 容成作调历——据说他综合上面所说的六种方术，制作一种历法。关于容成，传说不一：有的说他是黄帝的臣属，有人说他是黄帝以前的古帝王。他似乎是一个部落君长的通称。关于历法，有的说羲和造历，有的说神农造历。羲和造历前面已讲过，神农是个农业部族，自然注意到时节，有原始的历法。容成是集合前人的成绩修整条理制成新历，后人承袭他的法则再加以改进。汉朝初年流传的六种古历，有一种叫黄帝历，已不是原来面目，虽不见得尽出后人伪造，可能是承袭黄帝遗法的一部分，重新制造而仍推始于他的。

（二）关于衣食住行方面的。 人类文明从这方面开始，文明进步也在这方面表现得最清楚，黄帝部族由畜牧进到农业，各方面都要改进，衣、食、住、行自然最急切，他的发明很多。

1 衣裳——衣裳的原料最初是树叶兽皮，后来有可以编织的纤维，像麻一类的东西。丝是中国最伟大的发现，有史以来就有丝的记载。据说黄帝元妃西陵氏女名叫嫘祖的开始养蚕。衣裳是黄帝之臣伯余作的，最初只是细麻绳用手织成的绸。有的书上又说"胡曹作衣"，大概胡曹作的是衣的另一部分，所以又说"胡曹作冕"，他制作的是帽子。《世本》又说："黄帝臣于则作扉履"，是一种鞋子。这些东西当时大概都很简陋，式样颜色都很单纯。黄帝这一族自有它特殊的装束，每一种衣饰有它传说的发明者。

2 饮食——古人受了饮水的限制，居处往往靠近河流，游牧者逐水草而居，农人只能沿溪流发展。后来发明了井，打破这个困难，农人才可以广泛地散布。井的发明者，《世本》既说是伯益，又说是黄帝。或者是两个独立的发明，或许有前后的改进。井解决了水的问题。在黄帝以前火已经发明，燧人氏钻木取火，用来烧烤熟食。农业发达以后，五谷也须要熟食。从前烧烤生肉的办法不甚合适，黄帝似乎有一种新的方法，后人又有说黄帝发明火食的。收获五谷，去壳磨碎，连带着需要新的工具，据说黄帝臣雍父作杵臼:"断木为杵,掘地为臼",一种最简单的杵臼,可以把米和高粱的壳子舂掉,其余的工具都没有记载。

3 宫室——原始的人穴居野处,后来在树上构木为巢,巢上面加一层掩蔽,以遮挡风雨,慢慢形成房屋。房屋的样式经过许多变化,发明者传说不一,有的说是黄帝的发明:"伐木构材,筑作宫室,上栋下宇,以避风雨。"汉朝人传有黄帝的"明堂"图,明堂是皇帝发号施令、祭祀鬼神的处所,是古时的宫廷和庙宇。据说黄帝的明堂,中间有一殿,四面无壁,上盖茅草,垣墙的周围是水。话虽未必可靠,黄帝的住所总是很简陋的。四面的水有防御作用,这叫我们联想到古时的湖居人,在湖里面盖房子。

4 舟车——《易·系辞传》说:"黄帝、尧、舜……刳木为舟,剡木为楫。舟楫之利,以济不通,致远以利天下。……服牛乘马,引重致远,以利天下。"最初的舟楫极简陋,找一段大树干把它挖成槽,推到水里就是船,找一段树枝就是楫。舟的发明者传说不一:"巧倕作舟","番禺是为舟","虞姁作舟","共鼓、货狄作舟",各传说间,其中容或有改良"刳木为舟",采取较好的办法的。车的发明者是奚仲,他的时代也有几个说法:有的说"黄帝作车,引重致远。少昊时驾牛,禹时奚仲驾马"。还有的说,王亥作服牛,"相土作乘,胲作驾。"王亥和相土都是商朝的祖先,他们似乎应当生在夏朝。也有人说他们是黄帝的臣属,恐怕不大可靠。

(三)关于武器和文字方面的。最初的人类除了天生的爪牙以外,就知道"剥林木而战"。武器真是与生俱来,始终在人类历史上占重要的一页。从用木棒进到琢磨硬石成刀斧,发明了木弓石箭,大有雄长百兽的威力。黄帝战胜蚩尤,利用他们铸铜的知识制造兵器,大部分的器用恐怕还是木石,青铜容或是刚刚发现。文字比武器发明得晚,据说上古结绳记事,可以打成种种式样的绳结来表示繁复的事情,慢慢利用象形的简单图画,和刻在木板上的符号,最后形成文字,据说这也是黄帝时候的事。

1 弓矢——这两种武器在古时最厉害,用法也特别。我们骤然一想似乎有弓就应当有箭,二者不能单独发明。事实却不然,前人说"弩生于弓,弓生于弹,弹起于古之孝子。……古者人民朴质,饥食鸟兽,渴饮雾露。死则裹以白茅,投于中野。孝子不忍见父母为禽兽所食,故作弹以守之,绝鸟兽之害"。弓生于弹,弹虽未必像这个故事所说的孝子为守护父母的尸身而作,但和投掷禽鸟一定有关系。先是用手掷土块石子,后来利用树枝的弹性就开始了弓。用箭不一定要弓,现在野蛮人还有用吹箭的。箭或者竟起于投掷标枪,把枪缩小成箭,和弓合用,成了一套。最初做弓箭的材料,多半是木石,发明者有"挥作弓，牟夷作矢"、"倕作弓，浮游作矢"、"夷羿作弓"、"少昊生般，是始为弓"等说法。据说挥和牟夷都是黄帝臣，倕又叫巧倕，是古时的巧匠，制造的东西很多，叫倕的似乎不是一个人，他似乎是一种工匠的通称，而非专人名。羿也是一种人的公称，他以善射著名，他或者因为善射而获得发明弓矢的头衔。或者他曾经对弓矢加以改造，使它更猛烈合用。我们前面讲过，古时东方部族善射。东方有很大的一族叫夷，"夷"字就是一人带着一把弓。我们从"牟夷"、"夷羿"和"少昊"（他的故都在现在的山东曲阜）几个名词看来，弓箭是出于东部诸族。

2 鼓、指南车等——鼓和指南车的故事前面已经讲过一点。《世本》说"夷作鼓"。夷不晓得是什么人，有人以为就是黄帝之子夷鼓。《山海经》有一段神话说："东海中有流波山，入海七千里。其上有兽如牛，苍身而无角，一足。出入水，则必风雨。其光如日月，其声如雷，其名曰夔。黄帝得之以其皮为鼓，撅以雷兽之骨，声闻五百里，以威天下。"似乎黄帝时已经有了很响的鼓，于是有夔的神话。同时他还发明指南车，制造的方法后世无传。相传他还有像样的军乐："岐伯作鼓吹铙角。"这些发明都用来对付蚩尤。

3 文字和图——《荀子》说："故好书者众矣，而仓颉独传者，壹也。"仓颉造字，传说很古。造字的虽不止他一个，而他独为后人所知。造书契是一件大事，有很多神话。相传仓颉是"苍帝史皇氏，名颉，姓侯冈"。像貌古怪，有四只眼睛，有书写绘画的天才。他仰观天文，俯察万物，天上的星斗，龟背的甲纹，鸟的羽翼，山川的形势，都收摄摹仿，创为文字。这在人类文明上，确是一件了不得的事，于是"天为雨粟，鬼为夜哭，龙乃潜藏"。天雨粟是庆贺人的成功，使他们由游牧进到农业。鬼夜哭是件很有趣的事，我们要知道文字比捉鬼请神的符咒厉害得多，符咒是意义不明的一段胡话，一段文章却是很清楚的记事。符咒未必能干涉鬼神的事情，文字却把千百年的鬼事（过去的事）一把捉着。它永远不得自由，永远跳不出几张纸。里面的人永远活着，不能变成死鬼。自然界的神，我们也可借文字宣布它的秘密，这都于鬼神不利，鬼焉得不哭。仓颉名气很大，可是他的时代和身份却闹不清楚：有的说他是黄帝的史官，有的说他是古帝王；时代则在伏羲前，在伏羲世，在炎帝世，在神农黄帝间，说法很多。据我们看，黄帝就是说他是东方的帝王，或者他竟是东方一个部族的首领。仓颉是首领的通名，历代都名仓颉。他历经各代，也是帝王，也是黄帝的史官，各不相妨。据说他造字的同事还有沮诵，也是黄帝的史官。有的又说"史皇作图"。图和文字是一件事，不妨是一个人的工作。

（四）其他方面。铜镜据说是黄帝臣尹寿作的。医药在那时候也似乎大有进步，最古的医书《内经》，就托始于黄帝和岐伯的问答。有素问、灵枢二种。相传那时名医还有雷公、俞跗，俞跗擅长剖割洗涤，是外科医生。我们前面讲过秦、汉时道家推黄帝与老子并为祖师，汉、魏以后，修仙的人又说黄帝成仙，并且是神仙界的要人。再后占卜、看阴阳宅、看风水等等一切技术，也有很多说始自黄帝，我们可以看出他影响之大，入人之深。

上面我们讲到许多发明家的名字，它们并不一定是某个人的名字，有的是官名，有的是一种人的名字，有的是族名，有的则是因为他擅长某一种技术而起的绰号。传到后来，都变成单纯的人名，更使古史纷乱不清。我们虽然讲旧话，但我们不能泥看。我们只看文化开展的大型，这里面是黄帝的故事，也是黄帝部族的故事，也是我们祖先最初发展的故事，文物的各方面都在萌芽。后人纪念这个开创期有种种想象传说，认为奠定文化最低一层基础的伟人，是这个时期的代表人，他就是黄帝。

第六节　黄帝的长生和子孙

据汉朝方士们的说法，黄帝最后登天成了神仙，《史记》有这样一段记载：

> 黄帝采首山铜，铸鼎于荆山下。鼎既成，有龙垂胡髯下迎黄帝，黄帝上骑，群臣后宫从上者七十余人。龙乃上去。余小臣不得上，乃悉持龙髯。龙髯拔，堕，堕黄帝之弓。百姓仰望，黄帝既上天，乃抱其弓与胡髯号。故后世因名其处曰鼎湖，其弓曰乌号。

又说：

> 黄帝已仙上天，群臣葬其衣冠。

方士拿这套话骗汉武帝，取眼前的富贵。他们并不愿意步黄帝的后尘。他们不了解成仙的真义。黄帝死时虽没有龙迎，内心也不会有什么痛苦，百姓也会仰天而号。仙本不是肉眼看得见的，黄帝自从他但为人所知不为人所见的那一天就成了神仙。他不是长生在天上，而是永生在后人的心里。他修炼的方法就是我们前面讲的许多话：他的政教和制作。他的精神永存，肉体和衣冠差不多，群臣把它埋葬起来，陵墓在桥山。现在有三个桥山：一个在陕西中部县西北，下边有一条河穿过，所以叫桥山，上边有黄帝陵。一个在察哈尔省涿鹿县。历代祭黄帝的大半到陕西，也有到察哈尔的。还有一个桥山在山西襄陵县东南四十里接曲沃县界，下边有很幽深的一个石洞，山盖在上边像一座桥,这里却没有黄帝陵的传说。不过据我们前面讲的黄帝活动的地域看,这一个桥山最可能是他埋骨所在。黄帝死后,这个部族绵延推广。他的本部落似乎失掉了共主的地位。古记载上说他以后有名的君主有少昊、颛顼、帝喾,又说他们都是黄帝的子孙,《大戴记》说:

> 黄帝居轩辕之丘,娶于西陵氏之子,谓之嫘祖氏,产青阳及昌意。青阳降居泜水,昌意降居若水。昌意娶于蜀山氏。蜀山氏之子谓之昌濮氏,产颛顼。

又说:

> 黄帝产玄嚣,玄嚣产蹻极,蹻极产高辛,是为帝喾。

这里说的父子,其实是祖先和苗裔。或者其中有些名字失传,或者这里面的名字是一族的名称,代代相同。玄嚣这个人,《史记》上以为就是青阳,后来更以为他是少昊。其实少昊是在黄帝东边一个部族的君主,或者黄帝的后裔有一部分迁到少昊那里,也叫少昊。除了昌意和玄嚣外,黄帝还有二十三个儿子,一共二十五个儿子,有姓的十四人,分为十二姓,就是姬、酉、祁、己、滕、葴、任、荀、僖、姞、儇、依。

颛顼为一时共主，帝喾继之，他们两个人代表黄帝子孙的两大支。颛顼偏居西方，他似乎继续黄帝的余烈向西发展和苗黎冲突。帝喾偏居东方，帝喾的子孙有四支：留居东方的一支是帝挚，是他的正支，一支是商部族。西迁的有住在现在山西南部的唐族，有后来一直到陕西的周部族。颛顼的子孙，有住在现在山西南部的虞部族，有住在河南西部的夏族，还有自东北到西南散居各处的昆吾、参胡、彭祖、云邻人、曹姓、季连。季连是楚国的祖先，秦是商朝的别支。这个子孙繁衍、族姓众多的部族，构成了中华民族的骨干。

尧舜禹汤

黄帝以后，文明逐渐进步，农业代替畜牧，陶器、青铜器代替石器，存在的石器也愈来愈精致。陶器有一个时期最盛行，大约相当于古记载所说的帝尧陶唐氏、帝舜有虞氏前后。我们从"尧""陶唐"三个字看，已明显地看出他和陶业有关。又有他"饮于土塯，啜于土刑"等说法。关于虞舜的事业，前人特别提出他"耕稼、陶、渔"，制陶仅次于耕种，可见在当时之重要。虞部族以制陶器著名，古书上常说到"舜治陶"，"陶河滨"，和"有虞氏尚陶"等。舜的后代胡公满在周朝初年做的官就是陶正。《礼记》上说"有虞氏瓦棺"，棺材也用陶作，实际就是把尸身装在瓦缸或大瓦罐里。近来考古学家发掘出来很多古陶器，除了各式的容器以外，还有些零星用具，也发现了罐葬。有些陶器做得极精致，为现代所无，最古的文字也在陶器上发现。尧、舜以前没有以陶著名的，以后也渐渐为青铜器超过，处于次要的地位。尧、舜时代，政治上有显著的进步。神农、黄帝时期，各部落用武力争作共主，尧、舜时期有了部落公举共主的制度，这种公选皇帝制度，像东胡族、蒙古族等都有过，尧、舜时期运用得特别圆活，尧、舜的禅让为后代所艳称。这时期的大事，一方面继续和苗黎冲突，一方面有著名的大洪水。洪水似乎是由于黄河的泛滥，夏禹出来结束了这两件大事，中国历史又进一步。禹的儿子启继禹作共主，共主的位置落在一家；这是说政治领导地位的稳定，减少了争端。夏朝经过几百年，后来他们政治腐败，无力领导各国，商汤革命代作共主，开始了商朝，商朝又有几百年的历史。唐尧和虞舜，在现在的山东西部和山西南部都有遗迹、都有传说。容或因为大洪水的缘故，他们的部族四散播迁。他们的大部分迁到山西南部。夏族起于河南嵩山附近，延伸到山西南部，以后渐次向东发展。商族起于东方，向西发展。尧、舜以后的事迹已经有了正式的记载，这些记载是后人的追述，免不掉有修饰的地方，但决非完全伪造。现在的人多半疑惑，那时没有那样好，他们应当很野蛮。平心而论，并不是那时特别好，而是那时并不像现在的人想的那样坏。

第一章　尧的故事

第一节　尧的政教

黄帝子玄嚣，玄嚣生蛲极，蛲极生帝喾高辛氏。高辛氏为一时共主，娶娵訾氏女生挚，娶陈锋氏女生放勋。挚年长，继承了君位。放勋先封在陶，后封在唐国为诸侯。帝挚不孚众望，势力微弱，他死后，大家推放勋为共主，就是帝尧，国都在平阳，在现在的山西临汾县（古时地名是随人迁移的。陶唐和平阳，在山东、山西都有传说的遗址），他的事迹大半发生在那里。他眉分八彩，像八字形，相貌怪异。他具备一切美德，举止动作都有法则，聪明智慧超人一等，又很能干，他自己却并不骄傲，又是那样的敦厚、温柔、诚实、谦虚。后人称赞他"其仁如天"，无处不到；"其智如神"，非常人所能知；"就之如日"，又明亮，又温暖；"望之如云"，希望他的滋润。他自己的生活极俭朴，住的茅草房子，草都没有剪整齐，椽子也没有砍平滑，红木的车子也毫不加彩画，草席也不镶边，吃的都是粗饭。他希望为人民服务，而不是受人奉养。这些品德不但独善其身，主要的是他能发挥出来，见诸政治的实施。他施政自内及外，自近及远。顺着天然的次序，先亲睦本族，再使群臣的家族各得其所。他把这一个单位治理得像样了，再使"万国"和合无间，与文化比较落后的黎族也相安无事。

社会的经济基础是农耕，君主主要的行政是指导和改进农耕。农事和季节最有关系，尧命掌天文历法的官羲和仔细观测天象，计算日月星辰的运行，推定节气，告诉农民什么时候可以种麦、什么时候可以种稷。四位羲和的属官分任测定四时的工作，同时指导农人耕种。他们分处四方观测，互相印证，平均的结果比较准确。羲仲居东方堣夷叫旸谷的地方观测日出，定春日时节的早晚，指导农人开始农作。到昼和夜一样长，傍晚时正南方出现了星宿（二十八宿之一），那是春分节，春天已过去了一半。羲叔在南面的南郊观测天象，指导夏日的农作。到白昼最长，傍晚正南方房宿出现了，那是夏至节，是夏季的正中间。和仲到西面叫柳谷的地方观测日入，决定秋日的收获。到昼夜等长，傍晚正南方虚宿出现的时候，是秋分节，也是秋季的正中间。秋尽冬来，是农民休息的时期。和叔到北方叫幽都的地方观测天象，到白昼最短，昴宿在黄昏的时候占据了正南方，那告诉我们冬至到来，恰是冬季的一半。羲和推定四时，尧就命他们制成历法。一个太阳年是地球围着太阳转一周，所需的时间是三百六十五日五小时四十八分四十五秒多一点，据说尧时候算作三百六十六日。月亮围地球转一周需要二十九天半多一点（实际上是二十七天多，但地球自己还在动）。这样日月在天空中一年有十二次交会。我们把一年分成十二个月，朔在月初，望在月中，造成了阴阳合历。可是月转十二周只要三百五十四天多，比一个太阳年少十一天多，不到三年，月亮就多跑出一周来，成了一个月，这一个月叫闰月。据说尧时候已经用闰月来调整季节。现在我们无法知道尧时历法的详细究竟怎样，只能说那时在历法上一定有一些成就和进步。历法告成，农民有所依据，一切事情有所系属。百官经过帝尧的整顿，也百废悉举，众功皆兴。外患仍有一部分苗黎捣乱，尧也不客气地和他们在丹水边打一仗，把他们平定下来。

　　帝尧耗费了半生心血，眼看着一切都很好。不过仔细想想，又说不出什么功绩。平常虽是尽量地采纳舆情，立"诽谤之木"，置"敢谏之鼓"，来叫人说话，到底也不知道天下究竟怎样，老百姓的反应怎样。问自己的近臣，他们不知道。问大臣，他们也不知道。问外边的人，他们也说不出。他就私下出来探访,在大街上听到小孩子们唱歌:"立我烝民,莫非尔极。不识不知,顺帝之则。"意思说,我们民众都有饭吃,都是你想的办法;我们不常听到皇帝的命令和宣告,却不知不觉地跟着你的领导走。尧很高兴,知道自己相当的成功。还有一个故事说,当时天下太平,百姓无事,有一个八十多岁的老人在路上击壤,击壤是一种游戏,用木板削成两块壤,形状像人的鞋子,一个放在三四十步的远处,拿另外一个投掷它,击中为胜。他玩得很高兴,旁边看的人说:"我们的皇帝真好啊!"这个老人说:"吾日出而作,日入而息,凿井而饮,耕田而食,帝力于我何有哉!"一天到晚很自然地生活着,并不知道帝尧的力量在哪里。其实尧防患于事先,成功于无形,这正是他的伟大处。孔子称赞他说:"大哉尧之为君也!巍巍乎唯天为大,唯尧则之。荡荡乎民无能名焉。巍巍乎其有成功也,焕乎其有文章。"尧可以和天比拟,四时运行,不言不语,一点也看不出他在哪里用力,而万物繁殖。他的广大弘阔,人类也就没法衡量。只看到各方面都很好,就是他的成功。这并不是说得太过,只要政治首领能看出在当时情况下,民众们下一步的需求,预先把各方面布置好,到需要的时候自然而然地走上轨道,主持者不觉得费力和迫切,民众不觉得有什么要求和不满,一切平稳地发展着,就是这种境界。后人算起总账来,就觉得他的伟大了。

尧到了晚年，几个能干的大臣像羲和们，慢慢地死了。洪水泛滥，黄河从龙门山以下到处溢流，始终没有治理好，他时刻忧虑。有一天，他问群臣谁能补羲和的缺，一个大臣叫放齐的说："你的大儿子丹朱人很贤明，可以替他。"帝尧说："唉！他顽狠好斗，怎么能行。"又接着说："究竟哪一个可以？"另一个叫驩兜的大臣说："共工很能办事，可以用。"帝尧说："唉！共工话很会说，行为却很坏，外面假作谦恭，其实傲慢欺天，不可用。"有一天，又对管理四方的四个大诸侯——四岳叹气道："水灾闹得这样凶，水势滔天，山岳都围起来，断了交通，土丘都淹没了，人民跑到高地去住，不能耕种，什么人能治水呢？"他们一齐说："鲧可以。"尧说："这个人靠不住，他不听命令，他的部族已经瓦解。"四岳说："这倒没关系，可以叫他试一试。"大家都举荐他。尧虽觉得不妥，一时也找不着更好的人才，就用他去治水。治了九年，没有什么成绩。尧觉得自己老了，精力不够，事情也不顺手，想早把共主的位置传给一个贤者，来完成这些工作。

第二节　尧让舜

当时共主由部落公举，由前一个共主召集诸侯，选一个人出来代理政事，试验他的能力，树立对民众的威信。共主死后,这位候补者正式摄政三年,再退位待各部落和民众的公决。假使大家拥护他,他就可以正式做共主,舜和禹都是这样。这种摄政三年退休的办法,到了天子世袭的时候,变成了父死、子行三年丧、政事由宰相代理三年的故事。尧当时召集了四岳和其他的诸侯说:"我已经做了七十年的共主,现在应当重选继承人,四岳能不能接受这个位置?"四岳说:"我们的才德和人望都不够。"尧说:"好,那么大家就挑选在下位的。"大家一致说:"虞族有个叫舜的人,是一个中年的独身者,他很有才德。"尧说:"是的,我也听说过,他究竟怎样?"四岳说:"他父亲是一个盲人,很冥顽不灵。继母是个长舌泼妇,弟弟是一个凶暴的妄人。在这种环境下,他对父母孝、兄弟和。族内情况倒很好,不至为非作恶。"虞族是擅长和重视音乐的。舜的父亲瞽叟是乐官,是虞族的贵族。假使没有舜,他们很可能率领强大的同族来捣乱,这一点为当时人所重视。尧说:"好,我试他一试。他不是还独身吗,我把两个女儿嫁给他。"于是尧把两个女儿——娥皇、女英,嫁给舜。舜叫二女住在妫汭,妫汭是妫水入黄河的地方(在现在的山西永济县),是虞族的聚居地。

尧察看的结果,觉得这个人很不错,就叫他到政府来试事,先司民事,教百姓父义、母慈、兄友、弟恭、子孝,民众都听他的教训。再遍试百官,政事都井井有条。处理四方诸侯的交涉，大家都很敬重他。最后试验鬼神对他怎样，叫他到山边大森林里面去。他遇着风雷暴雨也没震惊失措，尧觉得他可以担当大事，就告诉他说："已经三年了，你的言语和行事，都很有成绩。现在你可以登帝位，摄国政。"舜谦让自己的德行不够，尧当然不答应。那一年正月初，尧在祖庙里传政给舜，便告老退休，舜代行共主的职务。舜当政以后，政令一新。用仪器"旋玑玉衡"观测日月和金、木、水、火、土五星的运行。祭祀天、地、山、川、鬼、神，在南郊祭上帝，在六个神庙祭天地诸神，遥祭名山大川。应祭的群神，都挨次祭过。对天神的事完了，又大会诸侯，把他们朝会时拿的玉圭（有五种）收回来。选择一个吉日，朝见四大诸侯——四岳和众诸侯、群牧，再正式发还玉圭，算是新任命。他还时常出巡四方：他常以二月间到东方，到东岳岱宗焚柴告天，遥祭东方的小山川，会见东方的君长。颁布历法的细目——季节、月份、甲子，划一乐律、度、量、衡，修正吉、凶、军、宾、嘉五礼（吉是祭礼，凶是丧葬礼，军是军礼，宾是待外宾礼，嘉是婚礼），规定人事交接的仪节和礼物。五月间到南岳，八月间到西岳，十一月间到北岳。任务相同。回来以后，在祖庙里杀牛祭祖。据说他每五年一出巡，诸侯则每四年一来朝。诸侯报告政事，天子发布命令，诸侯有功者赏车子和衣服。

舜又制定刑法：法有常刑，有墨、劓、剕、宫、大辟五种肉刑。有驱逐出境的流放，有罚铜赎罪，官吏有鞭笞，教育有楥楚（即一种木鞭）。偶然的错误，可以宽恕，始终为害，法所必诛。刑法的施行，是很谨慎不敢随便的。政事大致就绪，这时候有四个强族捣乱，舜不客气地把他们为首的人加以惩治。共工是尧早就知道的一个坏人，新共主掌政，共工越发放肆，舜把他赶到北边的幽州，和北方的狄人共处，他尽可以在那里发挥能力征服北狄。驩兜是共工的一党，同恶相济，就把他赶到南方的崇山和南蛮在一块，他也可以在那里发展。历来叛服无常的三苗，趁政权转移的时候，又不稳起来，舜把最强横的杀了，稍次的赶到西方的三危。 又把治水九年无功而扰民的鲧"殛"于东方的羽山（殛字或释杀，或释放逐，似乎后者更合理些）。舜对政治有办法，对强横的部族有控制的力量。天下怀德畏威，无不悦服。舜摄政二十八年，尧死了，人们想念他的好处，百官群臣如丧父母，悲恸三年。民众也无心作乐歌唱。尧的儿子丹朱不贤，尧公而忘私，仍然叫他退居诸侯。三年丧毕，是试验民心的时候了。舜退休，避到南河之南，静待公意的决定。诸侯不到丹朱那里，而远远地到舜这里来朝觐。民间的纷争和诉讼也不到丹朱那里，而到他这里求判决。天下都讴歌舜，想不到丹朱。这样的上下一致拥戴，确是天意，而非人力，舜遂回到中国正式作天子。

第二章 舜的故事

第一节 舜的大孝

舜虽是虞族的贵族，但地位比较低微。父母又不喜欢他，生活无异于平民。他具有一种基本美德，他以大孝为当时和后世所称道。孝是子女对父母一种真挚纯洁的感情的表现。一个人生下来和别人发生关系，最初当然是父母。依次扩大，由家而国、而世界。感情自然亦由浓而淡，但总可以维持应有的关系而不致破裂，大家可以和乐相处。这种人类互爱的真情，决非由计算利害而来。此种心情，在纯洁的幼童时代，对父母发挥，表现得最清楚。它是扩展爱力的核心。很明显的，对自己最亲切的人无情，谁能保证他对别人不残害。舜是维持这种真纯感情直到老年的人。

虞舜姓姚，名重华。眼睛有两个瞳仁，相貌也不平凡。父亲叫瞽叟，是颛顼的后裔。瞽叟是个瞎子，舜母早死，瞽叟的后妻生了个儿子叫象，很凶暴。瞽瞍爱后妻和象，想把家业传给象，三个人常想杀舜。舜小事认罪，大事有生命危险的就逃避。事父母、待兄弟极诚挚，他们颇受感动。舜的遗迹传说不一：孟子说他是"东夷之人"，《史记》说他是"冀州之人"。冀州是现在的山西南部，后来他做共主的时代确在那里。早期虞部族或许迁徙过，相传他"耕于历山"。历山一说在现在的山东濮县东南七十里，一说在山西永济县东南六十里。"渔于雷泽"，一说在濮县，一说在永济县，都和历山相近。"陶于河滨"，也两处都有。他又在寿丘做器具，在员夏做小生意。据说他在历山耕种，历山的人受了感化，都互让田界。在雷泽捕鱼，雷泽的人都互让地方。在河滨做陶器，河滨的陶器都美好精致。他到的地方，一年成村落，两年成乡镇，三年成城市，人愈聚愈多。三十岁，四岳荐于帝尧。帝尧把两个女儿嫁给他，叫九个儿子侍奉他，给他牛羊、仓廪，为他置百官，算一个小诸侯，看他的才德政绩如何。他治理得很有条理，他的妻子不敢以帝女自傲，九个帝子对他都很恭敬。象看他发达起来，有妻有财，妒心大起。又蛊惑父母，想夺他的财产。舜内心痛苦已极，他虽尽力孝顺，父母总不欢喜。可是纵使他自己的行为都合理，他也决不忍说："我一切都竭尽所能了，欢喜不欢喜随他们的便罢！"因为父母和其他人不同，在舜的心上，一切的富贵荣誉都不够安慰他，他惟一的希求只是父母欢喜；就在这一点上，后人称他为大孝。因为他觉得失掉了父母的欢心，自己的生命就毫无意义。这一线连绵不断的爱力能维持生命于不息，此其所以为伟大。

有一天，瞽叟叫舜到谷仓上面涂泥缮草，修理仓顶，等他上去以后，却把梯子搬走，放火烧仓，这当然是预定的计划。瞽叟可以本着以往的怪脾气，非叫舜亲自工作不可，舜自然决不肯叫人代替。房子着火，可以推诿是偶然的不幸，就是帝尧也无法干涉。幸亏舜有一个大斗笠，握着它像现在乘降落伞一样地跳了下来，才没有跌伤。过了几天，瞽叟又叫舜淘井，舜下去以后，瞽叟和象便拿土石填井，把舜埋在里面，这自然可以对人说是井壁的塌陷。瞽叟和象没看见舜出来，以为这一定成功了，象就夸功说："这都是我的计划巧妙，舜的财产、牛羊、仓廪归大家享用，他用的兵器、干戈、弓矢、琴，当然是我的。两位嫂嫂都可以转嫁给我。"他正高高兴兴地到舜的住房来，猛然闯进去，却看见舜坐在床上弹琴。原来井壁旁边有个洞通到外边，舜从那里逃出来。象见面一愣，又惊又羞，扭捏了半天，只好说："我心里闷得很，想来看看你。"舜在平常，原很想和象接近，这次他居然来了，舜很高兴地说："好得很，我的事情很琐碎，你来帮忙，好不好？"以后舜事父母、待兄弟，仍和从前一样。

第二节 舜的政教

舜到政府以后,试五典,掌民事,试百官,理庶政。尤着眼在用人,提拔在下位的人材,淘汰腐化的贵族。颛顼高阳氏的后裔有八个名族,族长是仓舒、隤敳、梼戭、大临、尨降、庭坚、仲容、叔达八个人,大家叫他们"八恺"。帝喾高辛氏的后裔有八个名族,族长是伯奋、仲堪、叔献、季仲、伯虎、仲熊、叔豹、季狸八个人,大家叫他们"八元"。他们贤明能干,不愧名人子孙。舜于是举八恺,"使主后土",管理土地山川和农耕。他们百废俱举,很有成绩。又举八元,"使布五教于四方",教育民众。帝鸿氏的后裔有一个恶族,专好阴谋诡计,人们称他浑沌,糊涂而凶恶。少昊氏的后代有一个恶族,毁信,恶忠,专说坏话,大家叫他穷奇——一种专吃好人的怪兽。颛顼氏的后代有一个恶族,不可教化,不懂好话,人叫他梼杌——一种傲狠难驯的野兽。这三族大为人患,尧没把他们赶掉。另外缙云氏的后代有一个恶族,贪财,喜饮食,大家也讨厌他,叫他饕餮。合称四凶族。舜处理诸侯事务的时候,把他们赶到边荒。

舜历试诸政,摄天子位。尧死后三年,正式做天子,都蒲坂(现在的山西永济县),政治上已经有了基础。朝廷上新进的人材济济,有禹、皋陶、契、后稷、伯夷、夔、龙、倕、益、彭祖等。舜即位的元年正月，在祖庙里召集四岳，大会群臣，商议政事，详细问他们四方的情形，叫他们下情务必上达。任命各地的州牧。论到蛮夷，舜说，"这要看我们能不能继承帝尧的功烈，行厚德，任贤，远奸。我们办到的话，蛮夷自然不至于叛乱。任贤当然最重要，你们看有没有能发挥光大帝尧的人，我们用他做执政。"大家一致说："伯禹可以做司空，他一定能治好水，完成帝尧未了的心愿。"舜就对禹说："不错，你可以做司空，治水分地，要好好地做。"禹拜谢，让稷、契和皋陶。舜说："好，你做去好啦！"舜又对后稷说："弃（后稷的名字），洪水之后，黎民忘了耕种，饥饿不堪，你做稷官，教他们种五谷。"对契说："现在群臣百姓不亲睦，父母、兄弟、子孙不顺伦理，你做司徒，要教他们父子有亲，君臣有义，夫妇有别，长幼有序，朋友有信。不过这种事情，要施教以渐，不能急迫。"不除水害，不能耕种。人民饱食暖衣，不受教育，和禽兽无别。又对皋陶说："蛮夷侵犯中国，盗贼作乱，教化的力量达不到。你做士，待他们以刑罚，五种刑罚要施行得当。大罪用甲兵，行刑在原野。其次用斧钺，也以军法从事。再次用刀锯，行刑在市朝。其次膑刑、黥刑。最轻的是鞭扑。除了五种肉刑以外，流刑也有五等，按地方远近只有三等，最重的投诸四裔，其次在九州之外，其次在中国之外（中国是共主所居的城邑）。刑罚要公正分明，才使人信服。"舜又问大家说："谁能管理百工技艺？"大家回答说："倕可以。"于是命倕为共工。倕让殳斨和伯与，舜说："好，叫他们帮助你。"又问："谁能管理牧畜的事业？"大家说："益可以。"舜对益说："你做朕虞。"益让朱虎、熊罴，舜叫他们帮助益。又问四岳说："谁能执掌天神、地祇、人鬼的三种礼法呢？"四岳说："伯夷。"舜说："好，你做秩宗。这个职位要时刻虔敬、静肃、清洁。"伯夷拜谢，让夔和龙。舜说："好，你好好地做好啦。"又命夔说："你司乐，教育我们的小孩子（古时音乐歌咏最重要，贵族子弟由乐官教），要正直而温和，宽大而恭敬，刚毅而不残虐，简重而不骄傲。诗表达意志，把它慢唱就是歌。调子的曲折是看怎样把声拉长，音律的高下又看调子如何。这样作起乐来，八音谐和，神人感通。"夔说："是的，我奏乐，敲起磬来，百兽都能应节而舞。"舜又说："龙，奸人邪说很易扰乱大家，你做纳言，发布我的命令，传达外面的消息，要诚实无欺。"舜又告诫十二州牧和禹等十人说："你们二十二人佐天治事，切勿松懈。"于是三年一考察他们的成绩，九年三考，有功者赏，有罪者罚。二十二人各有治绩，都能推行善政，远近悦服。历来捣乱的苗族，也不再来侵犯，舜安享太平。有一天，舜弹五弦琴唱南风歌："南风之熏兮，可以解吾民之愠兮。南风之时兮，可以阜吾民之财兮。"只惦念年岁的好坏、农家的收获。

大臣之中，禹的地位最重要，功劳也最大。夔作"九招（即韶字）之乐"，宣扬帝舜的功德。孔子称赞韶乐"尽善尽美"，又称赞舜说："君哉舜也！巍巍乎，有天下而不与焉。"说他不劳而治。舜最大的长处是能用人，与人共为善，能舍己从人，取人之长，他未尝觉得自己了不起。他做天子之后，往朝瞽叟，仍然和平常一样的小心谨慎。封象为诸侯。他二十岁孝名远播，三十岁入政府，五十岁摄天子位，六十一岁正式做天子。又过了三十九年，他一百岁，巡行南方，死在"苍梧之野"。他儿子商均不贤，舜预荐禹摄政十七年。他死后，三年丧完了，禹和舜一样退休到阳城听取民意。诸侯往朝，民众称颂，没人去理商均。于是禹正式回来做天子，夏朝开始，丹朱和商均都退做诸侯，仍保有自己的土地和宗庙，用自己的礼乐衣服，保持本族的风俗习惯。因为他们的祖先做过共主，唐、虞两国朝会时，夏朝都以客礼相待，还留着禅让的遗迹。共主公选制度，在尧、舜时代走入末期，传子局势已成。尧、舜不肯自私，仍然传贤，故为后人所称道。

第三章　禹的故事

继唐、虞两族而起的，是比较靠南方的夏族，它的发源地和黄帝故墟相近而偏西，大概在现在的嵩山附近，跨有姜姓的故地。嵩山从前叫崇山，鲧是崇国的诸侯，因崇山得名。禹都阳城，阳城在现在的河南登封县东南三十五里。夏族据记载是颛顼的后裔，在地理上继承神农氏的农耕，在时代上继承虞族的农耕。他们或许正式大批应用青铜器，这或许是禹能治洪水的一个因素。三苗之患，到禹时完全消除，把他们赶到西南方，大批铜兵器也不无力量，禹的大名，威震西方。后来西方关于他有许多神话，羌族也崇拜他，现在的川、康一带还有许多古迹说他是羌人，生于川西。鲧、禹父子同是治洪水的英雄，鲧是失败者，受了"妄担重任"的责罚，禹却成功了。

第一节 大洪水

关于洪水的传说很复杂，但和巴比伦、犹太、印度及云南猓族的洪水传说不同。他们大概都说洪水淹没了世界，只剩下一家或几个人，世界人类从他们再繁衍起来。中国的传说没有那么神奇，也不远在荒古，只不过是常闹水灾，人民不得安居。历代都有治水者，我们的祖先都住在黄河流域，这叫我们很容易想到黄河的水患。黄河水灾自有正式记载以来，大约平均每年一次，有记载以后的几千年如此，没有记载以前的几千年很难说不是如此。商朝中叶为避河患，国都老搬家。据史书的记载，夏禹到这个时代不足千年，纵使这数字靠不住，总不会差到三千年五千年；就是差到五千年，黄河的水患还可能发生。带神话性的传说："燧人氏时天下多水"，女娲氏治过洪水，颛顼氏时闹过洪水。有的说共工为水害，有的说共工治水（共工并非一个人的专名，是一种人的名称，后来变成官名）。由这些说法，可知水患次数很多。尧、舜时的洪水，是特别大的一次。一条河流发生洪水的周期是和洪水的大小成反比，洪水愈大，它发生两次中间的时期愈长。禹治的洪水，或许是几千年仅见的一次大洪水；或许是当时人活动的地域小，所住的地域都被水淹没，就认为水特别大。两个原因恐怕都有。也或许这次大水，不纯由于黄河本身，假使晋南汾、浍、涑诸水，豫西伊、洛、瀍、涧诸水同时暴涨漫溢，很可以把唐、虞、夏诸族的居地弄成一片汪洋。古河流的下游在江、淮、冀、鲁平原，河道不确定。平时本来就东一断港，西一绝河，低地尽是湖泊。上游水涨，下游溃决泛滥，极容易把河、济、漯和淮、泗、颍诸水系连成一片，就"洪水滔天"了。

第二节　大禹治水

夏禹姓姒，名文命。夏族起于现在的河南登封、禹、密诸县，向南延伸到湖北北部，向北到山西西南部，和唐、虞两族接触。禹的父亲叫鲧，母亲是有莘氏，女名女志。帝尧求能治水者，四岳荐鲧，鲧用防堵的方法，这种方法可以防护一小块地域。四岳大概是看到鲧在自己的国内用这种方法有效，就荐了他。但水势大了这种方法是不成的，东堵西堵闹了九年。舜摄政看这样子不行，治他的罪，把他赶到东方的羽山，叫禹代管他的余族，继续治水。舜做天子，命禹为司空，正式任平水土之职。洪水泛滥，民无定居。低洼的地方，上树巢居，高处躲在山洞里，已开辟的地方又荒起来。草木畅茂，禽兽繁殖，龙蛇蟠据。禹奉命和益、后稷一同出发，指挥诸侯和群众，率领一批工人到处划分工作区，登山相形势，立木标，记高下曲折，掘成河流。并吩咐他们：高地高山为主，低处大河为主，不要乱掘，沟渠要井井有条，小沟流到中渠，中渠流到大河。不要乱筑堤防，顺山形高低之天然地势，可防者防之。草木砍伐费力，益司火，就一把火烧光，把禽兽赶走，然后施工开辟农田。稷教民耕种，低地种稻，高处另种他物，又叫有余粮的，拿一部分给不够的。

禹一方面悲伤自己父亲的命运，决定完成他的遗志；一方面看到民众的困苦，不忍安居。据说他有一次看到罪人，大哭起来说："天下太平，人民决不会犯罪。我听说过，一个男子不耕田，就有吃不着饭的人；一个女子不织布，就有穿不到衣服的人。个人的工作不可怠惰。我现在受命治水，好使百姓安居乐业。现在百姓不能这样，而犯了罪，这是我的不好，是我的责任。"他自己竭力刻苦，劳身焦思，在外面十三年，有三次走过自己的家门口，他始终不进去看一看。衣食都是最坏的，住处是最简单的，一意在挑河掘沟上用功夫。有时候亲自拿着锄头、斧子，率领民工动手。他极爱惜时间，不肯牺牲一刻。指甲磨秃了，小腿的毫毛都磨光了，手脚都长了厚皮，面色黧黑，终于操劳过度，变成跛子。他用的交通工具，陆地乘车，水行乘船，泥行乘橇，山行乘樏，各处都可以走到。常携带准绳、规矩等以便测量。他碰到过许多危险，有一次，一条黄龙把他的船负起来，船上的人都吓得面色青黄,禹一点不怕,说:"我竭尽自己的能力为大家工作,我未尝看重自己的生命,死和回家一样。"颜色不变,黄龙帖耳掉尾跑了,并没有伤害他们。他还同别的水怪战斗过。他到过许多怪地方,据说他和益每到一处,都把当地的风俗物产记录下来,有的甚至说他叫部下量过世界东西南北的长和宽。

于是他导黄河,疏浚下游的九河。把济水、漯水都通到海,挖掘汝水、汉水、淮水和泗水,通到长江。治导瀍水、涧水,通到洛水。据说他凿通现在陕西韩城县的龙门山,使黄河流过,从前是从上面泛滥过去的。开两条河把砥柱山绕过,开辟伊水上的伊阙,把各处的积水,排除的排除,不能排除的围成湖泊。在现在的陕西开西河、渭渎、泄渠、孙皇的积水。在现在的山西北部堵截原派水,使它流到后之邸湖,通到滹沱河,这样西北的人民得以安居。在现在的河北、山东排泄大陆泽水,防堵孟诸泽水,使它们的出路通到九河,把东方的诸水约束着,这样东北的人民得以安居。南方形成五湖,可以容纳乱流的水,南方的问题也随之解决。最后划定九块广大的陆地——九州,修理上面的道路,圈起上面的湖泊,测定山的高低,计划耕作。此外并按照土地的肥瘠和物产,决定人民应纳的赋税和贡物。他到的地方,据《禹贡》上讲,从冀州(现在山西南部)开始巡行,到现在的河北东部,转向现在的山东省,那里的工作最繁难。又转到江淮流域，又上溯江西和两湖，再北上到河南，西去陕西，到甘肃的东部。当时是冀州、兖州、青州、徐州、扬州、荆州、豫州、梁州、雍州九大州。每州都记录名山、大川、大湖泊、大沼泽、植物的种类、土色和肥瘠，制定田赋的次第、进贡的土产，指定贡道，有时候还记载当地的居民。几条大水和几条大山脉都挨次查看过，真是禹迹广被。这当然有传说和后人的想象。

究竟禹治水的规模和他的工程实际到什么程度，现在无从断定。古书上说他导江、导河，差不多两大流域所有的河流都经他治过。又说他凿龙门，辟伊阙，折砥柱，破碣石，工程未免太大，我们不能想象一座山用简陋的石刀、石斧和铜刀、铜斧把它凿开。但是他导江、导河，怎么样才算作"导"？"凿"这个，"辟"那个，又怎样才算作"辟"或"凿"？导治不一定是整个的疏浚，开凿不一定开山。他可以乘船循行，能挖掘的泥沙，挖掘一下，暂时堵塞的疏通一下，水自有出路，何必钻山。洪水期一过，积留的余水，浅处慢慢消灭干涸，深处变成新湖泊。河流冲出新河道，慢慢水落归槽，这当然需要长久的时间。所以鲧治了九年，禹治了八年。禹的工作可能是到处指导受害的人们把近河流的积水引到河里，距河远的引到湖泊。新的湖泊，稍加堤防，最后形成九个较大的陆地，就是九州。他父亲鲧以堤防堵水，未尝不对，只是这只能用来防止浸淫,不能挡水的去路。禹的成功或许是斟酌得宜,对于湖泊用堤防,对于流动的河道加以疏通。他到的地方不能像《禹贡》上说的那样多,不过他一定比当时一般人所经历的为多。我们不能把他说成神,同时也不能抹煞他的伟大。物质条件限制他的工作;也正因为物质条件的艰苦,才显出他的伟大。禹到的地方既多,对于各地方的山川、物产容或有所记载。即使没写下来,也可能口传下来。据说他铸过九个铜鼎,图画九州的形势和物产。后来写地方志的,尤其是国家定贡赋、记出产的官书,都溯始于禹,拿他的名字名书。《尚书》中的《禹贡》就是这样的一篇著作。还有一部《山海经》,相传是禹治水的同伴伯益作的。这是一部古神话,作者不能确定;也因禹、益到的地方多,多见奇事,后人就说是他作的了。

水退土辟,人民安居。疆域扩充,财物充裕。各地的田亩分上、中、下三等纳税,指定各部族的各地不得纷争。以共主所居为中心,五百里以内叫"甸服",赋税纳粮米。又五百里为"侯服",由各处诸侯自己统治。再往外五百里是"要服",政府任其自治,不加干涉。再五百里是"荒服",是野蛮人的居地。这当然是一个理想的分划,实际不会这样整齐,不过表示自近及远治理的方法罢了。于是天下平定,帝舜赐禹一个黑色的玉(玄圭),表彰他的大功。禹收九州长官献的铜，铸成九个鼎，象九州，用它来祭祀上帝鬼神。

第三节 舜禅禹和禹传子

有一天，皋陶、伯夷和禹朝见帝舜，论起政事来。皋陶讲了一篇个人应具的品德和修己治人的要术，又论到国家的典章制度，禹听了很高兴。他们又谈到苗族的不安定，大家都主张修明内政，惠安人民，苗族作乱也不足畏。帝舜叫禹发表他的政见，禹说："人要勤谨。我治水的时候，用四种交通工具，跋山开路，和益叫人民渔猎肉食。疏浚九州的河流，通到海，开了无数的沟渠，通到大河，和稷教人民播种吃五谷。又教他们来往贩卖，以有余补不足。民众都有饭吃，万国才安定下来。"皋陶说："你的话不错。"帝舜说："我全仗你们辅助。应当做的事情，大家一齐努力做。我有错误，你们要当面讲，不必私下议论。对下级官吏，也要督促他们尽职。"禹说："是的，这也要看你的做法。你听忠言，任善人，功业没有不成的。"帝舜说："不要像丹朱似的，放荡怠惰。他坐惯船，现在水小了，他还要叫人推船游行，在家胡闹，失掉了国土。像这样，我是不能饶恕的。"禹说："是的，我娶涂山氏女，结婚四天，又去治水。后来启生下来，我从自己的门口经过，听到启呱呱的哭，我也没进去看，所以终能成功。划定'五服'，开辟五千里。每州立十二个官，直到海边都建有诸侯。现在就是苗族捣乱不服从，这是要注意的。"舜说："天下太平，多半是你的功劳，皋陶对苗族也会善用刑罚的。"于是舜叫百官众民都效法禹，听他的指挥。舜已决定传位，舜又命禹征伐不能感化的苗族。禹召集诸侯誓师出征，他说："大家要知道，这一次出征，并不是我们好战。'有苗'的愚陋和强暴，逼迫我们不得不用兵。上天不会保佑他们，我们出去一定会胜利的。"经过长期的战争，终于把他们平定下来。不过他们仍是口服心不服，帝舜修文德，怀柔感化，他们一有不稳，舜在朝廷上作乐，叫人舞干羽演武事，向他们示意，假使再叛变，一定用武。于是黄帝以来的苗患，才告一段落。

天下无事，夔作乐庆祝，在祖庙里大会诸侯群臣，奏起韶乐，鸟兽都随着乐声起舞，大家都很高兴。帝舜亲自唱道："勑天之命，惟时维几。"意思说：我们要小心谨慎，顺承着天命，事情是微妙得很。又接着唱道："股肱喜哉，元首起哉，百工熙哉。"皋陶拜谢，接着唱道："念哉，率作兴事，慎乃宪钦哉。屡省乃钦哉。"唱完又唱一个道："元首明哉，股肱良哉，庶事康哉。"接着道："元首丛脞哉，股肱惰哉，万事堕哉。"皋陶的歌意先劝百官谨慎做事，又说全看元首的勤惰；他要好，下边都会好，他要不成，下边都会颓废；天下虽无事，可不能懈怠。禹品德功绩都有继承共主的资格，舜老了，就荐禹于天，叫他摄政。传政时也大会群臣，舜作客，禹作主人。乐官向前祝赞说："从前尧禅让时，唐做虞的客人。现在又将禅禹，声名功业，垂于万世。"乐奏起，百官合唱卿云歌，帝舜唱道："卿云烂兮，糺缦缦兮。日月光华，旦复旦兮。"八个大诸侯向前行过礼，合唱道："明明上天，烂然星陈。日月光华，弘予一人。"帝舜又唱道："日月有常，星辰有行。四时从经，万姓允诚。于予论乐，配天之灵。迁于贤圣，莫不咸听。鼚乎鼓之，轩乎舞之，菁华已竭，褰裳去之。"于是人们都欢忻鼓舞，知道天下又可太平地接连下去。

禹摄政以后，天下都听禹的命令，用他的法律、度数、声歌、乐律，由他祭祀山川鬼神。十七年以后，舜死了。又三年，禹得到百姓和诸侯的拥护，正式做天子，都安邑（现在的山西夏县北）。一说都阳城（在河南登封县东南三十五里）。大概禹以后，夏都在阳城。帝禹用皋陶作大臣，掌政事，有禅位给他的意思。不幸皋陶先死，子孙封在英、六两国（在现在安徽省中部），禹又举益授以政事。禹政似乎仍本他素朴的作风。他看见耕田的农夫必致敬，过村落必下车步行。有一个叫仪狄的人会造酒，禹喝了觉得滋味很好，想了一想说："这不对，这很易误事误人。"从此绝对戒酒，也不再见仪狄。政事极为平民化，为后来的墨子所称道。仍然行三年考察群臣的制度，五年规模粗具，大会诸侯于会稽，执玉帛来的有万多国。防风氏来得太晚了，就斩以示众。于是天下尽属于禹。禹似乎太注重功绩和赏罚，他的功过于德。他做了十年共主，到东方巡行，死在路上，葬在会稽山。据说葬礼简单："衣衾三领，桐棺三寸。"埋的很浅："下毋及泉，上毋通臭。"他死后，益摄政三年，退休到箕山之北，静待人民的公决。这次和舜、禹的情形不同：禹在位日浅，益辅政日少，没有来得及让益摄政，树立威德，天下不信服他；禹的功绩犹新，人民一时忘不掉。他儿子启也和丹朱、商均不同，有德有才，诸侯都到启那里朝觐，不来见益，说："启是我君之子。"百姓也称颂讴歌启，不讴歌益，说："启是我君之子。"于是启继承了共主。有一个诸侯叫有扈氏的不服，大战一场，启灭了他，天下都服从启。启能干是能干，贤德远不如尧、舜、禹。据说益的结果不很好，有的说启把他杀了。启才真正开了帝位传子、一姓做共主之局。

第四章 汤的故事

第一节 夏衰商兴

夏朝传了十七个君主（一说卅二世），四百七十一年（一说四百三十二年）。中间一度衰弱，旋即复兴，势力逐渐向东发展。末几代的君主，势力又衰弱下去，诸侯离叛。最后到帝履癸，一名帝桀，不能振作，反暴虐不仁。据说桀力气很大，又喜欢勇士，有推哆、大戏一班人，能手裂虎豹。桀伐有施氏，有施氏献给他一个女子叫妹喜，桀很爱她，言无不从。桀听了她的话，攫取百姓的财产，大兴土木，作"琼台、瑶室"。堆肉作山，挂脯作林，注酒作池。酒池里面能行船。他叫人一敲鼓，三千人同时向池子里俯首牛饮，醉了就淹死池里。又放虎到街上看市民躲避，以为笑乐。桀和妹喜都喜欢这些玩意。他们俩也昼夜喝酒，男女杂处，三个月不出来。大臣关龙逄屡次谏诤,被杀。族内老臣又谏他,桀也把他们杀掉。于是人民怨恨,群臣离心。又加上天灾,五谷不收。眼看着朝不保夕,只待外力一动,就土崩瓦解。

这时候商(后来又叫殷)部族在东方兴起,这一族早先在现今的山东西部和河南东北部,容或有一部分伸展到西方。他的祖先,据说是帝喾的儿子契。契佐禹治水,舜命为司徒,赐姓子,封于商。后来他的子孙屡有迁徙,搬到某处,某处也叫商。契到成汤,十四代八迁。汤名履,居在亳(又叫薄,音同字异)。亳和商一样,也因为迁徙,有好几个。汤居的亳(大概在河南商丘县境,北边到山东曹县),当时地域很小。孟子说它只有七十里,墨子说它截长补短,不过方百里。可是他一反桀政,行仁义,敬鬼神,早起晚睡,轻税薄赋,惠民众,救贫穷,养孤寡。诸侯都愿意和他联合,民众都拥护他,有才能的人都到他这里来。汤有一个贤臣叫伊尹,伊尹名阿衡(一说名挚,阿衡是官名),在有莘之野隐居,自乐尧、舜之道,耿介自守,不无故受人一草一木,也不无故给人一草一木。汤听到他的贤名,派人以礼聘请,他不在乎地说:"我到你那里干什么呢?我不如在这里耕田、乐道。"汤三次聘他,他见汤确有诚意,就想:我在这里独善其身,不如叫我的办法实现于天下。人类有先知先觉,有后知后觉,天叫我是先觉者,我要拿这个道理唤醒民众。我不唤醒他们,还有谁来？现在民众痛苦日深，难道不是我的责任吗？我不出来救他们，何异于我害了他们呢？于是伊尹决定应聘。伊尹见到汤，给他讲做君主的道理，汤问他："人视水见形，视民知治否？"伊尹说："好，能听善言，治道就进步。为国之君，为人民父母，善人是要用的。"汤很以为然，便用他掌国政。

夏桀愈闹愈坏，国人都想叛变。汤觉得夏朝已维持不下去，就叫伊尹到桀那里去看一看，假使桀还有改过的可能，就帮他的忙。伊尹到桀那里，桀正大会群臣，日夜喝酒。有一天，群臣有的醉了，有的没醉，手牵手唱道："江水沛兮，舟楫败兮，我王废兮。盍归乎，盍归乎，薄亦大矣。"又唱道："乐兮，乐兮，四牡骄兮，六辔沃兮。觉兮，较兮，吾大命格兮。去不善而从善，何不乐兮。"伊尹听这个口气不对，劝夏桀说："现在情形很不好，一旦爆发，恐怕不免灭亡。"桀听了鼓掌哑然大笑说："好了，好了，你又瞎说啦。天空不能没有太阳，我不能没有人民。太阳会没有吗？假使太阳会没有，我也会灭亡啦。"伊尹觉得，实在没办法，回到亳告诉汤说："桀惑于妹喜，不恤人民，上下交怨。人民咒骂他：'上天不要管他，夏国赶快完事'。"汤又叫他到桀那里去。大概他来往许多次，孟子说他"五就汤，五就桀"。汤听说桀大杀谏臣，派人吊唁死者。桀早已嫉恨汤的名声，就大怒起来，叫汤到夏国，把他囚在夏台，过了很久，才放出来。

汤决计伐夏，更加修德爱民。一天，汤在郊外看见一个捕鸟的，四面张网，又听他祝告说："天上掉下来的，地面跳出来的，四面跑过来的，都碰到网里。"汤说："唉，什么人干的，把它们都捉净么？"叫他撤掉三面，只剩一面，又教他祝告说："蜘蛛作网，人类学它。想高就高，想下就下。不左不右，入网者由它。"南方几个国家听到这件事，说："汤的德行已经施及禽兽了。"于是四十个国家都来朝见；他这一面网，一下就捉到四十国，夏桀还在梦里。他召集诸侯会于有仍，有缗氏公开反对他，他把有缗灭掉。最后伊尹自夏归商说："妹喜告诉我，桀作了一个梦，梦见西边一个太阳，与东边一个太阳相斗，结果西方的太阳战胜。"商是在东方的，伊尹和汤计划自东方出兵，绕到夏的西方向东攻击。汤要动兵，伊尹说："别忙，我们先试一下。"就不进贡给桀。桀大怒，下令叫东方九夷出兵。九夷在商东面，离商不远，伊尹说："时机还没到，他还能指挥九夷。"汤又入贡谢罪。桀还不觉悟，越发昏乱。掌管典籍图法的太史令终古抱图法哭奔商国。这很重要，国家的律令、档案，政事的典制和地图、户口等都在里面。汤大喜，告诉诸侯说："夏王无道，暴虐百姓，穷其父兄，耻其功臣，轻其贤民。弃义听谗，众庶咸怨。守法之臣，自归于商。"第二年他又不进贡给桀，这一次九夷不听桀指挥了,汤正式起兵。

第二节　汤伐桀灭夏

孟子说汤伐葛国开始,凡征十一国而天下大服,向东征,西夷怨;向南征,北狄怨,说:"为什么不先到我们这里来?"民众盼他像大旱望雨。每到一处,商贾照常买卖,农人照常耕种。杀暴君,恤难民,真像久旱大雨,民众悦服。葛国是商的西邻(在现在河南零陵县北十五里),葛伯(葛国的君主)放荡无道,不祭祖先,汤派人问他:"你怎么不祭祖先?"葛伯说:"我没有牛羊。"汤送大批牛羊给他。葛伯把它杀了吃了,仍不祭祀,汤又叫人问他,他说:"我没有五谷粮食。"汤觉得有点奇怪,就叫自己的人民去帮他耕种,叫老人和儿童送饭给工作的农人。葛伯索性领一批暴徒截路,看到酒菜就抢夺,不给就杀,有一个儿童就是这样被杀了。汤看到这简直无理可讲,起兵伐葛。汤宣告说:"你太不像样子了,我决定惩罚你,决不饶恕。"灭葛以后,北方的诸侯昆吾氏最坏,正在作乱,汤率诸侯和伊尹北伐昆吾。昆吾是夏朝东方的大诸侯(在现在的河北濮阳县东),汤先灭掉他东边的顾国,和南面的豕韦,剪掉羽翼,遂灭昆吾。

于是大会诸侯,誓师伐桀,向军队说:"我愿意对大家说几句话,我们在这里聚会,并非我率领大家造反。夏朝乱到这样子,上天命令我们治他的罪。有些不明白的人会说:'我们国君不顾恤我们,不让我们好好地耕稼,却出兵打仗。'我虽常听大家讲:'夏桀有罪,我们怕上帝怪我们,不得不去找他。'恐怕还有人要问:'夏罪到底怎样?'我可以正确地向大家宣布,夏王,他竭尽民力,他危害国家,他的民众一致怠工不和他合作,诅咒他:'怎么不立刻灭亡,我们愿意和你同归于尽。'夏朝已经到这种情形,我一定要去伐他。大家要通力合作,代天行罚。成功以后,人人都有应得的赏赐。我向来说一句是一句,我相信大家也一定相信我。假使有人违反了誓言,我轻则罚他作奴隶,重就杀。我是决不客气的。"汤自称武王,表示军力的充实。据说商有敢死队六千人,所向无敌。这时候似乎桀自己已经领兵到东方,逼近亳都,反在汤兵的东南。于是大战于郲,捉到桀的勇士推哆和大戏,又败桀于有娀之墟(两地都在现在的山东西南部)。桀逃回鸣条(在现在的山西安邑县北)。汤接着伐三㚇国(在现在的山东曹县西南),他大概是接应桀到东方的,得着桀的宝玉,又继续西征,从陑(现在的山西永济县雷首山)绕到鸣条西边,桀不战而溃。汤起初想把桀驱逐到中野,中野人民不愿意。桀又到不齐,到鲁,都不受百姓的欢迎,请他搬家。最后他和属下五百人跑到南巢(现在的安徽巢县),桀后悔说:"当初没把汤杀在夏台,叫他这样子。"他始终不反省自己的错误。

第三节 汤的政教

天下平定以后,汤别封夏后,回到亳,大会诸侯。汤仍自居诸侯之列,说:"天子之位,惟有道者可以处之,可以治之。"三让诸侯,大家一致推他,汤推辞不掉,只得即天子位。那时候是三月,在亳的东郊。即位以后,告诫诸侯说:"你们做了诸侯,要小心谨慎地尽职,不要对民众一点事业不做,否则我就要惩治他,可不要怪我无情。从前禹、皋陶一生奔波劳苦,他们确为民众做了事,民众得以安居乐业。他们东治长江,北通济水,西修黄河,南疏淮流,四条大水修治以后,老百姓才可以在平地居住。后稷又叫民种植五谷。三位先贤都有功于人,人们永远纪念他们,他们的子孙一直可以保持诸侯的地位。从前蚩尤和他的部下不守本职,称兵作乱,天子就毁掉他的国家。这些事情都有确实记载。先王的话不可不听,他们说:'不懂道理的人,不要让他有国家。'我要努力遵守这个原则,大家不要怪我。"于是汤一反夏政,用贤,除邪,民众悦服。商人的习惯,以夏历十二月为正月,衣服以白为上,就通令大家遵守,用伊尹、仲虺作相。伊尹制定四方诸侯应当进贡的物品,以当地出产很多、不足珍贵的为准。

汤在即位初年，不幸就遇着一个危机，大旱七年，河都干了，"煎沙烂石"，叫太史占卜怎么样才能降雨，太史占卜说："要用人作牺牲，杀人祭天，求雨。"汤说："求雨本来为民，现在反倒要杀他们，这哪里可以！我自己作牺牲好了。"于是斋戒、剪发、断爪、素车、白马、身披白茅，装成一个牛羊的样子，杂在别的祭品里面，到"桑林之野"祷雨。叫人持三足鼎祝告说："现在小子履，谨备黑牛祭天，愿上帝听之：天大旱，假使上天罚我，我自己的罪过实在不自知。善事不敢不赏，罪恶不敢不罚，上帝是知道的。假使四方万国有罪，上帝也应当罚我，也是我的不好，不要罚及四方。"又拿六项事，自己反省谢过说："政治不上轨道吗？百姓不得乐业吗？为什么旱到这样子呢？宫殿建筑得太好吗？女色太盛吗？为什么旱到这样子呢？官吏贪污吗？小人得志吗？为什么旱到这样子呢？"据说祷告完，大雨就下起来，渡过这个难关。从前政治领袖不但对人事负责，对天变也要负责，责任是无限的。

商朝共传三十一世，六百二十九年。一说四百九十六年，二十九王。中叶国都屡迁，最后盘庚迁殷（现在河南安阳县殷墟遗址），在殷有二百七十多年。这一代的史料，近五六十年来龟甲文出土，渐渐多起来。商朝人"尚鬼"，重祭祀，喜占卜。占卜的方法，用龟甲或牛胛骨钻一个洞，用火烤一下，看它的裂纹断定吉凶。所问的事牵涉到各方面——战争、打猎、求雨、收获、每旬的吉凶、每天的吉凶、疾病、生产等等。他们把占卜的结果刻在龟甲上，随时抛弃或保存。在殷墟遗址有大批这种东西挖掘出来，还发现各种铜器和其余的古物。商朝文化很高，农业很发达，畜牧仅占次要的地位。有些青铜器，铸造精美，为后世所无。文字已经用得很久。他们对家族、祖先、子孙极重视，中国文化的特质，有许多在那时已很明显。商朝政令所及，西到现在的陕西西部，南到江汉流域，东到海，东北到东三省。他们力征经营的地区多半在西北——现在的晋、陕北部。商朝晚年，周在西方兴起，终于确定了中国文化的大型。

文武周公

中国文化初期的交织融合，在商部族以后，又来了一个主要分子，就是西方的周。周部族渗入，把中国文化规模摆出，大体确定。后来虽有不断的吸收融合，但我们已有了一个重心，以后都是内容的充实和边缘的扩充而已。我们不能忘掉这个重心的确定人，尤其不能忘掉那几个聪明睿智的领导分子，就是后人盛称继承尧、舜、禹、汤之道的周文王、武王和周公。

第一章 周文王的故事

第一节 文王以前的周

周朝的祖先,据说是尧、舜时候教民稼穑的后稷。后稷名弃,是帝喾的儿子,母亲是帝喾元妃姜嫄。后稷幼喜栽种,长好农耕,能因地制宜种植农作物,帝尧用他作农师。舜、禹平水土,叫他"教民稼穑","播时百谷",封他在邰,号称后稷,别姓姬。"后稷"显然是因所业而称的通名。在夏朝,他的子孙也从事农业,也称后稷。周人推尊一位长于农业的祖先,似乎他们自有口传的历史以来,就是农业部族。他们虽和商族人一样,尊天敬祖,深信天人相关,但却注意在人尽人事,天必赏之,仍以实际事业为主。前人批评夏、商、周三代的特点说:"夏尚忠,商尚鬼,周尚文。"大概"尚忠"、"尚文"全是着重实际事务。周朝的文,只是"忠信为质",加以礼乐文饰。夏、周都是偏西的、尚力行、少玄想的部族，所以他们的祖先，一个是做司空、平水土的禹，一个是号后稷、司稼穑的弃，都是刻苦笃实的人物。商族偏东，祖先是做司徒、司教育的契，一个重理想的人物。商人"尚鬼"，是一个重文化事业的部族。周人母系祖先姓姜，父系姓姬，是我们前面讲的两大族的混合。他们又说和商族同出帝喾，恐怕只是对商有文化上的承袭，并非一源。

后稷子孙活动的区域，大概在现在山西西南部，靠近汾水、涑水和黄河的地区（前人说他们起于陕西西部），又慢慢地渡过黄河向洛、渭流域发展。到商朝武乙时，古公亶父（又称太王）受北狄獯粥的压迫，从汾水流域的邠，率领部族整个西迁到岐山下周原（大概在现在陕西泾水下游，渭水北岸，咸阳以北，高平以西，并不是凤翔的岐山）。他们在那里伐木、平土、造房舍，仍然从事农耕，开始和附近的昆夷（又叫犬戎）冲突。古公亶父传位给第三个儿子季历，季历又称公季，又称王季，贤明能干，周势渐强，征服了四周的戎狄，和商族发生关系，算商的诸侯。后来商王武乙在河渭之间狩猎，耀兵示威，给雷震死，周人颇有嫌疑。周的势力，确为商朝的一大威胁。王季朝商，商王文丁把他扣留起来，死在商国。季历的儿子昌继位，就是有名的周文王。

第二节　商纣乱商和文王兴周

文王名昌,据说他生有祥瑞。他祖父太王曾说:"我后世当有兴者,其在昌乎。"他"龙颜,虎肩,身长十尺,胸有四乳"。母亲是挚国的女子,名太任,聪明贤慧。他幼禀母教,善孝父母。早晨鸡一叫就起来,到王季寝室门口问安,晌午和晚上都一样。父母有一点不安适,他坐立不安,吃饭不饱。父母复原,自己才能复原。王季死后,环境相当困难,西边北边有昆夷、猃狁,东边商朝对他不放心,于是他一天到晚地工作,励精图治。遵后稷之业,法太王、王季之法,对待人民以仁厚为原则。敬老慈少,不以大欺小,不以众欺寡,不以强暴掠夺农民。人民近者悦,远者来。他又招徕贤士,四方贤者纷纷凑集。伯夷、叔齐在孤竹说:"西伯(西方的霸主)善养老,盍往归之。"其余如太颠、闳夭、散宜生、鬻熊、辛甲等,也都前往投效。文王的妻子太姒,也是一位大人物,是文王的好帮手。他几个儿子像武王、周公、康叔,都是她教养出来的。后人说她能使雍穆的家风化行全国,实为女性的模范。

这时候商势益衰,不能振作。商王文丁以后是帝乙,帝乙传位给儿子受德,称帝辛,又叫纣。纣和夏桀的行为如出一辙,也促使商朝覆亡。他是一位聪明强干、能言善辩的人物,又能徒手斗猛兽,倒曳九牛,扶梁换柱。可是他不把这些才干用到正经地方。他聪明得使人没法劝他,作了坏事,他会用冠冕堂皇的话掩饰。你说他不好,他可以举出许许多多比你好的地方。他玩弄众人,以为别人都不如他。他又好酒淫乐。继承帝位以后,任命鬼侯、鄂侯、周侯(即文王)做三公(三个大诸侯)。他似乎也感觉到商朝威望陵迟,他在西方的黎国(在现在的山西东南部),耀兵大猎,镇压西方,东夷却趁势叛变起来,这是一场长期的苦战,他还没觉悟到自己的错误,以为人们敢作乱是刑罚轻,于是他重刑严罚,作"炮烙"。炮烙是铜柱(一说是铜烙)上涂油,下面烧炭,叫罪人在柱上爬,一下就烧焦了。商都在殷(现在的河南安阳县附近)。他南到朝歌(现在的淇治境),北至邯郸、沙丘,都处处建筑离宫别馆,造作园林。花七年的工夫盖了一座鹿台,高千尺,广三里。剥削的钱财,都藏在里面。米粮藏在钜桥。又搜括狗马奇物,充实宫室;野兽飞鸟,充实园林。宗庙鬼神的祭祀,都弃置不顾,更无论民政。他又伐有苏氏,得了一个美女,名叫妲己,和纣臭味相投。叫乐官师涓作新乐——妖冶的舞蹈,淫荡的歌曲。效法桀作酒池肉林,叫成群的男女在那里裸体追逐。他们无昼无夜地喝酒:"车行酒,骑行炙,百二十日为一夜。"竟忘掉了时日和甲子。国内不安,百姓怨恨,大臣愁叹,四方诸侯各寻出路。

第三节　纣囚文王

文王的政治修明,正和纣成了一个强烈的对照,诸侯有许多都倾向他。西方的崇国是忠于纣的,感到情形严重,于是崇侯虎便向纣说:"西伯积善累德,诸侯倾服,恐怕于你不利。"大概纣最疑忌西方的三个大诸侯,恰巧当时发生一件事情:鬼侯有一个女儿,在纣宫作妃子,她很不高兴纣的荒淫,因此触怒了纣,把她杀掉。纣想:一不作,二不休,索性把鬼侯也捉来剁成肉酱。鄂侯气愤力争,也被他作成肉脯。纣想把他"三公"一网打尽,就叫崇侯虎再去伺察文王的反响。这一幕惨剧,文王自然是伤感痛愤。崇侯虎告诉了纣,纣想捉西伯,怕他武力抵抗,就发兵到渭水,搜猎讲武,这个举动自然不是善意的。可是文王当时并没有敌意,因此很容易地被他捉到。纣本想趁势灭周,但是一则周的实力不可侮,二则文王对他表示效忠说:"父虽不慈,子不能不孝。君虽不道,臣不能不忠。"声辩自己无罪。纣一时不便下手,便把他囚在羑里(在现在的河南汤阴县),囚了七年。据说文王利用这段时间,来研讨《周易》,演八卦为六十四卦,作卦辞。卦辞和爻辞是周初的东西,也许经过文王的手。据说文王的长子伯邑考也在殷做人质,得罪了纣,被纣杀死,并把他作成羹汤给文王吃。

周国失掉领导者，政事由几位大臣维持着。太颠、闳夭、散宜生、南宫适等商量用什么方法救文王。他们想：用武是不成的，和纣讲是非更不成；纣贪财好色，那只有投其所好。于是闳夭和散宜生出发，寻到有莘氏的美女，骊戎的白毛、红鬣、金眼睛的文马，有熊国的九驷（可以驾九辆车子的三十六匹骏马）；还有玄玉、大贝、黄豹、黄罴、青犴、白虎、文皮等种种的珍宝。他们拿着这一份厚礼，到了商都，先见纣的宠臣费仲，先送他一份礼，请他向纣说周人的忠诚和贡献。纣一看到美女，就喜欢的了不得，说："单这一件就足以表示西伯的忠心，可以把他释放，何况还有别的东西！"费仲得了贿赂，自然又替文王添了些好话。当时商朝确也不能统御诸侯，也知道西伯的威望可以号召四方。现在既然释放他，乐得顺水推舟地进一步利用他帮忙。于是不但释放西伯，还赐给他弓矢、斧钺，许他不先禀王命就可以讨伐不服命令的诸侯。纣又安慰他说："你虽被囚了七年，但并非我有什么恶意，那完全是崇侯虎说谎话诬枉你。"西伯倒不以自己的事为意，他觉得炮烙之刑太惨酷，情愿献洛西之地给纣，请他废除炮烙。纣答应了。诸侯听到文王出来，迎他回国。第二年西伯率诸侯入贡，表示忠诚。以后朝贡无缺，仍尽臣职。实际上西伯不能叫现状维持下去而不想法干涉。纣毫没悔悟，反用费仲治内，恶来对外。费仲对上长于钻营巴结，对下又极好利贪财，殷人自然不会亲附他。恶来专喜说人的坏话，诸侯当然离心离德。政治重心不知不觉地移向西方。

第四节　文王的武功

纣三十一年，西伯在渭北毕原治兵搜猎。出猎以前，占卜猎品，卜辞说："所得到的不是龙，不是螭，不是虎，不是罴，而是霸王的辅佐。"后来果然在磻磎兹泉，遇着了一个七十几岁的老人在那里垂钓。文王和他谈一谈，知道他不是一个平凡的人。这个老人姓姜，祖先封于吕，又姓吕，名尚。吕尚避纣之乱，来到西方。文王很高兴地说："我祖父太公说过，以后有圣人到周国来，周国自此兴盛。大概就说的你吧，太公盼望你很久啦！"就称他为太公望，拜他为师。师有师傅的意思，同时又掌握兵权。吕尚是个实干家，多权谋奇计，周朝灭商，得力于他的计划不少。这时候国际交涉，大半都到文王这里求判决。东方的虞、芮两国（在现在的山西南部）为争一块田，久不能决，两国商量说："我们到西伯那里，求他评判一下。"两国的人一入周境，看到耕田的农人彼此互让地界，无所谓侵攘争夺。百姓事事都尊重长者老者，无所谓欺凌老弱。两国的人看到这种情形，没等到见西伯,就都不好意思起来说:"我们所争的,是周人认为可羞的。我们是小人,不必去见君子,怎么好意思到那里去——简直是自寻没趣。"于是两国人互让那一块田,谁也不要,结果竟空起来。据说后来这块地方,就叫"闲原"。这件事情传遍各国,大家都说:"西伯决不是服人以力;确是服人以德。'不令而从,不教而听。'他是受到上帝之命来代商为共主的。"有的记载说,这一年诸侯共尊西伯称王,改法度,制正朔,以夏十一月为正月。尊古公为太王,公季为王季。此后开始东向经营。

第二年伐昆夷。明年,北方的密须氏骤然起兵,与周为敌,侵略阮、共等地,逼近周都。文王整军经武,击败密人,太公望进兵围密,密人缚其主降周。文王迁都到程,明年东伐灭掉黎国。商人大起恐慌,纣臣祖伊跑到纣那里说:"天绝我殷命,人神都知道前途危险。并不是祖先不保佑我们,实在是王,你,淫乱暴虐,自绝于天。人民不能安居,社会秩序混乱,都痛心疾首说:'上天怎么不降罚呢?新命的帝王怎么不出来呢?'现在西伯灭了黎国,王怎么办?"纣说:"唉,我为万民之君,是天的任命,他有什么!"祖伊回来叹道:"你的罪恶,上天难道不晓得,你还向天说是它的任命?殷朝灭亡都是你的功绩,我们一块死算了。"明年,文王又灭偏南的崇国(在现在河南沁阳县境),这两路都针对着商都。第二年伐南方的崇国,崇侯虎是文王的仇人。文王听说他国内不稳,移兵伐之。崇国据险固守,猛烈抵抗。文王用钩梯、冲车攻城,据说打了三十天,并没攻下。文王回兵,休息训练,再起兵伐崇,先宣言说:"崇侯虎蔑侮父兄,不敬长老,断狱不公,分财不均。百姓力尽,不得衣食。我伐他,正是为着百姓。军队不得乱杀,不得烧房,不得填井,不得伐树木,不得抢牲畜,不听命令者处死刑。"这一来,没费多大力量崇国就降了。周人向东经营的时候,昆夷屡来侵扰。第二年,周朝大荒,文王自程南迁于丰,一方面节约,一方面运粮救灾。第二年诸侯来朝,文王率兵伐昆夷,叫太子发在丰邑东面营建镐京。

武事告一段落,文王设辟雍、灵台,兴教化,与民休息。兴建灵台的时候,人民乐于工作,不用催促。文王反倒劝他们不要着急,工作很快就完成了。兴工时,在水池里掘出了一具死人骨骼,文王叫重新埋葬它,官吏说:"这已经是无主的尸骨了。"文王说:"有天下的是天下之主,有一国的是一国之主。我就是主,还要找谁?"叫人拿衣服包起来寻地埋葬。诸侯听到这个故事说:"惠及枯骨,何况生人!"文王在位五十年,打定了周朝的基业。据说他活到九十七岁,似乎不甚可靠。他儿子发——武王继位,葬文王于毕原(在现在的西安西南)。一片苍茫的坦原上,我们还能看到他的陵墓。在旁边陪伴他的是武王和周公。

第二章　周武王的故事

第一节　第一次伐纣

武王继父位，仍用太公望为师，他弟弟周公旦为辅。还有同姓的召公、毕公等能干的人才。纣虽能把东夷平定，却无法对付西方的强周。武王想乘势一下把纣打倒。文王死后不久，丧事还没完，武王第一次东征，祭告文王，用车子拉着文王的木主，自称太子发；表示奉文王之命，不敢自专。走到半路上，遇着伯夷、叔齐，这两个人，是孤竹国君的儿子，因互让君位，不约而同地逃出本国。听说文王好贤，一同西来，正赶上武王东伐。伯夷、叔齐碰着武王的马说："这不对，父死还未正式埋葬，就出兵打仗，这能算是孝子吗？你是商朝的臣子，想杀商朝的君主，这能算是仁人吗？"武王的侍卫看到忽然跑出两个野人来乱讲，想把他们杀掉。太公说："他们都是好人。一时也讲不清，让他们走好了。"武王聚兵黄河南岸，预备渡河，便向军官们训话："大家要小心谨慎，我自己一无所知，一无能力，全靠祖父留下来的贤臣——就是诸位，来辅助。我承接先人的事情，赏罚不敢苟且，希望能完成先人未成的功业。"就发兵北渡。师尚父（就是太公望），左手拿黄钺，右手把白旄，下令说："苍兕（管船的官吏），苍兕，排好你们的队伍、舟楫，一齐出发，落后者杀！"武王船到中流，水里面忽然跳上一条白鱼，武王亲自把它捉着，在北岸水边烧鱼祭天。大家都说："这是吉兆。"周公说："虽是吉兆，人可不能懈怠。"他们在北岸休息，有一天，武王的帐幕上闪下一道火光，形状像乌鸦，发出"魄"的声音。闪了五次，还落下许多谷米，这自然又是好兆头，武王和群臣都很高兴，周公说："大家要勉励些！天降这种现象，是劝我们好好地做。我们要谨慎小心，等待天命。"有人把周公的话报告武王，武王振动变色。兵到盟津，事前没有约会、闻风而至的有八百诸侯。大家不约而同地说："纣可以伐啦！"武王看着兵势虽盛，商朝还有箕子、比干一班贤人在朝，人心未散。伯夷、叔齐的话也代表一部分人的心理。知道时机未到，就说："大家不知道，天命不可。"于是下令回兵。

第二节　商纣自趋灭亡

纣见周兵无可奈何他，更加放心胡为。微子是纣的哥哥，谏纣不听，觉得国家前途危险，自己没有力量匡救，和管礼乐祭祀的太师、少师商量说："纣听信妇人，沉迷酒色，败坏祖宗成规。官吏腐败，上下紊乱，政治无法再上轨道。国运将终，大家同归于尽。假使我出走，可以保全一家。你们想，怎么办？"太师说："天屡降灾，纣一天到晚喝酒，一点不怕，又不信任老成人。一般人无所不为，甚至攘窃偷吃祭品。官吏只知要钱，贫民冻饿，无处诉苦。假使于国家有益，我愿意牺牲自己；假使死仍无益于国，你要出走，我们也要离开。"箕子是纣的叔父，屡次进谏不听，别人也劝箕子走。箕子说："做人家的大臣，进谏不听就走，不但不能减少君主的罪恶，反倒宣扬他的恶名，叫老百姓指摘，我不忍为。"忧愁愤急，不能发泄，就披发疯狂，过着奴隶的生活，纣把他囚起来。王子比干也是纣的叔父，看见箕子为奴，就说："君王有过，我们要拼命力争。否则我们倒可以过安稳日子，老百姓怎么办呢？"他果然和纣力争，纣大怒说："我是坏蛋，你是圣人？我听说圣人心有七孔，不知道是真是假，倒可以拿你试一试！"于是挖出比干的心来。接二连三的惨剧，把微子眷恋祖国的心打断，他的地位和箕子、比干一样，就说："父子是天生，君臣以义合。人子三谏不听，号哭自怨；人臣三谏不听，应当走了。"又和太师、少师商量一下，逃出本国。太师疵和少师疆携带祭器和乐器奔周，内史向挚也携带重要的典籍图法逃到周国。

武王那边，早已有人报告。向挚到了周国，武王大喜，向各国宣传说："商王已经闹得不像样子，一味喝酒，外用飞廉、恶来一班小人掌政权，里面完全是妲己操纵。赏罚无方，无所谓法律。无故杀了三个大臣，人民都想叛变。他管典章图籍的大臣，已经逃到周国。"接着有人报告武王说："殷更乱了。"武王说："怎么样？"报告的人说："百姓不敢讲怨恨的话啦。"武王马上告诉太公，太公说："百姓不敢怨恨，是他严法重刑的结果，他们只等待行动。"灭纣的机会真到了，离上次不过两年。武王一方面遍告诸侯说："殷有重罪，不能不伐，希望大家出兵会师。"一方面到鲜原治兵。士卒踊跃，挑选了兵车三百辆，虎贲（精选的勇士）三千人，甲士四万五千人。诸侯的兵一时不能到齐，武王屯兵境上，免不掉有些疑虑。就用龟甲、蓍草占卜伐纣的吉凶，兆都是大凶。占卜未完，又来了一阵疾风暴雨，大臣都怕起来。太公把蓍草一扔，一脚踏碎龟甲说："枯骨死草，知道什么吉凶。现在没什么犹疑的，马上出兵！"太公是指挥军队的，武王决意东征，祭天告祖，太公激励军心，率领已到的诸侯，发兵东出。约会未到的，叫他们分进合击，在盟津会齐。大军欢声动天，前歌后舞。这是文王断虞芮争田、受命称王的第十一年，武王继位第四年的十一月。

第三节　武王灭商

这一次行军,遇到许多困难。出发的日子是行军的忌日,岁星在东方。古人相信征伐太岁所在的方向是不利的,又遇着大风雨,一连几日不停。据说军队到汜,大水泛滥;到怀,大水坏路;到共头山,山石崩裂。霍叔(武王的弟弟)害怕着说:"刚出兵几天遇着五次怪事,事情不大对吧?"周公说:"纣挖比干的心,囚箕子为奴,飞廉、恶来当政,我们伐他,有什么不对?"大概当时周公看得最清楚,太公最激烈。在路上怕延误时机,诸侯等得不耐烦,就率精兵轻装疾进。在十二月戊午那一天,赶到盟津。诸侯来齐,武王说:"大家不要松懈,上天要重新立民父母,使人民安居乐业。"又会众誓师说:"现在殷王纣专听妇人的话,自绝于天。毁弃祭祀,疏远亲戚,人天共愤。变祖先之乐为淫声,取悦妇人。现在我执行天罚,大家要努力作战,无须三令五申。"商朝似没有多少防备,武王率兵直到商郊牧野,才遇到商兵,正是十二年二月甲子。天刚明,太阳还没出来,周兵列队预备出战。武王先检阅一下,向士兵宣誓,激励军心。武王左手扶黄钺,右手拿白旄,指挥队伍,向大家说:"大家从西方远来,很辛苦。"大家见武王说话,都静下来。武王接着说:"我们的将士,各国大君，司徒、司马、司空、亚旅、师氏、千夫长、百夫长、庸、蜀、羌、微、髳、卢、彭、濮的战士：举起你们的戈，排好你们的干，竖直你们的矛，听我宣誓。"兵士整整精神，严肃地立着。武王说："古人说过：'早晨无需母鸡报晓；用母鸡报晓，这一家就快完了。'现在殷王纣却专听女人的话。忽略祭祀，是不敬祖先。忘记政事，是舍弃国家。疏远伯叔兄弟，是绝灭人伦。又专收容各处的无赖流氓，给他们高官厚禄，宠信任使，叫他们暴虐百姓，扰乱商国。我姬发只是执行天罚。今天的事，大家不可混战：前进六七步，要看一看队伍；杀砍四五下，要照顾着左右。大家勉励些！抖擞武士的精神，拿出虎豹的威风，在商郊施展一下。败兵也不可乱杀，把他们俘虏过来。大家勉励些！否则按军法，定杀不赦。"

这时候在牧野，周和同盟，有兵车四千辆，纣兵也有七十万。武王叫师尚父和百夫挑战，叫大卒（周车三百辆，虎贲三千人）直冲上来。纣兵虽多，却无斗志。有的很愿武王战胜，哗变倒戈，反过头来替周兵开路。武王挥兵急进，投降的投降，四散的四散，"血流漂杵"，纣兵大溃。纣逃回城里，知道大势已去，到鹿台上把财物聚在一起，把最珍贵的天智玉和其他珠宝带在身上，放火自焚。武王看到纣兵奔溃，拿起太白旗号令诸侯，诸侯朝拜武王，武王答谢。大家随着武王到商都，商朝的百姓在郊外迎接。武王叫群臣安慰百姓说："上天降福你们。"商人叩头再拜，武王答拜。进城后，武王向纣尸射了三箭；下车，用轻吕剑砍了几下，用黄钺斩纣头，挂在太白旗上。又到纣两个宠妃的住处，她们已经自缢，也照样用玄钺砍下头来挂在小白旗上。把助纣为虐的恶臣百多人杀掉，这才出城回军营。第二天平治道路，修理祭土神的社和商朝王宫。武王到社前祭告，行继商为共主的典礼。尹佚读祭文说："殷王末代孙季纣，毁灭祖先的德业，轻慢神祇，不勤祭祀。昏庸暴虐，百姓困苦。这些事情，上帝都知道得很清楚。"读到这里，武王叩头再拜。尹佚又读道："就更改天命，把殷朝亡掉，明白地转给我们。"武王又叩头再拜，礼毕出来。

武王召集大臣，商量处置殷遗民的问题，太公说："我以为爱一个人，他树上的鸟我都要爱；讨厌一个人，对他有关系的，当然也不客气。是敌人，杀了就算啦！"武王说："不好。"召公说："有罪的杀，无罪的活。强悍的敌人都杀掉，免得反复。"武王说："不好。"周公说："让他们各人住在自己的住处，各耕自己的田地。不管新也好，旧也好，我们选仁厚的用好啦。"商朝明主贤臣历代都有，根深蒂固。最好的政策，自然应当一本宽大。于是一面叫太公和将士率兵征伐不服的诸侯，一面叫周公召集殷朝遗老，问殷朝所以亡的原因，又问他们以后想怎么做。遗老表示希望恢复殷贤王盘庚的政事。武王叫召公释放箕子，叫毕公释无辜的罪人，旌表商朝礼乐官吏的巷子，叫南宫适散鹿台的钱、钜桥的米，救济贫民，叫闳夭封比干的墓。微子的官也恢复了。太公和将帅们陆续回来报功。据说这一次战争，武王灭了九十九国，降了六百五十二国，斩首一亿十万七千七百七十九，俘虏三亿一万二百三十，得到宝玉"亿又百万"。武王在商郊打猎，捉到"虎二十有二，麋五千二百三十五，犀十有二，氂七百二十有一，熊百五十有一，罴百一十有八，豕三百五十有二，……鹿三千五百有八"。武王分散给各国，又叫南宫适、尹佚把九鼎和三巫（关于祭祀占卜的）搬到周国。大局已定，武王分期献俘虏，祭祖先，宴享诸侯。最后召集殷人训话，武王说："这一次战争是我代天行罚，现在我告诉你们的话都是命令。你们的王也告诉你们过，从前我们的祖先后稷奉到上帝的指授，能耕种五谷，佐禹成功，天下的人民都是拿后稷的稷来祭祀。你们商朝前代的贤王，祭祀上帝也是用这个，你们自己还吃它喝它。商朝的先王也为这个原因，看重我们西方。纣王不顾天命，暴虐百姓，上帝叫我父亲文王讨伐他。我不敢忘掉天命，继承父志，修后稷的政事。上帝一定叫我伐纣，我终于执行天罚。我在西方的时候常说：'商朝的百姓无罪，就是纣一个人该杀。'现在纣已死了，我仍然上承天命降福你们，使你们安居乐业。诸侯们仍然有不服从的，上帝说一定要讨伐，我也不姑息他们。现在可以告诉你们，我叫他们这些人一起随了纣去。假使你们商王仍有天命，都像你们良民百姓好好地工作，也不会有这次灾难。你们痛苦无告，我们西土勤恳工作，励精图治，感动上天，天才命我伐这个罪人。你们现在要一心一意，安居工作，使天永远降福西土，你们也可以安乐。要知道天命如此，不可违背天命，起来作乱。不要以为我说过商百姓无罪，你们就可以随便。这样我也只能用先王之道治理你们，那可不能怪我，是你们自己作恶。你们先王成汤能法上帝，施德行，保育商民。他还怕有的人不受感化，他就制定政典。纣就是因为放弃了成汤的政典，上帝才叫我们小国革商之命，所以我不能蹈他的覆辙。你们要不听命令的话，不管他是诸侯、百官、庶民，我一定消灭他。"

武王仍封纣子武庚（名禄父）于商，为东方的伯主，治理殷民，并维系东方的诸侯。又封三个弟弟——管叔鲜在鄘，蔡叔度在卫，霍叔处在邶，和武庚在一块，监视武庚的行政，所谓"三监"，也是周在东方的最前线。东方诸侯，多半倾向商朝。箕子率领一部分殷民逃往东北，最后在朝鲜建国。武王班师西归，在祖庙陈列胜利品，祭天和祖先，把纣和二妃的头焚化了，斩决俘虏，杀牛宰羊，报答祖先神灵。又祭水土百神。一连热闹了好多天，祭告神天完毕，犒赏有功的诸侯，分享祭器、珠、玉、人民、土地等胜利品。又封新诸侯，多半是姬姓子弟和亲戚，主要的有管、蔡、鲁、齐、燕等国。当时周人还没能控制整个的东方。这是第一次封建，鲁国大概在现在河南中部鲁山县一带。燕在鲁国以南，现在郾城一带。齐太公或许初封在吕，更在燕南。周公在武王弟兄们中间最贤能，他虽封于鲁，自己本人却常在周辅助武王。分封实际是一种武装农民集团的开拓，选择形势好的地方筑起城郭，城外开辟农田。民众就是士兵，公卿就是将帅，听周室共主的命令。周都远在西方，控制东方大感不便，武王很明白这一点，他相度过商都的形势。回周以后，武王病了，晚上睡不着觉，周公进见说："你为什么不能睡觉？"武王说："上天不享殷人的祭祀，不保佑殷国，屡降大灾，土地荒芜。从我降生以前到现在六十年，我们才成功。可是归附殷国的诸侯还有几百个，天意还没定，我怎么能睡。"他们又商量了许多问题，谈到新都城，武王决定说："新都城应当在洛水入黄河的西面，到伊水入洛的北面一块平原上，那是夏人的故地。南面看到三涂山，北面望到太行和霍山的南麓。东和北面有大河，南有伊水、洛水，西去就是我们的旧都。"他们决定作洛邑，可是这一切都不是武王的事情；他死时距灭商不到二年，周朝又碰到一个险恶的局势，统一凝固东方和西方的重任都落到周公的肩上。

第三章　周公的故事

文王的正妃太姒，生了十个儿子，长子伯邑考，次子武王发，三子管叔鲜，四子周公旦，五子蔡叔度，六子曹叔振铎，七子成叔武，八子霍叔处，九子康叔封，十子冉季载。几个大儿子中，发和旦最贤，是文王的左右手。文王舍伯邑考，立发为太子。旦的初封地是周（在现在的陕西岐山县），称周公。周公多才多艺，孝顺仁厚。事奉文王，一意小心谨慎，事必禀命。"身若不胜衣，言若不出口。"惟恐失了做儿子的道理。他自己恭俭戒慎，修身不懈。据说他面貌并不好看，大概是个驼背。武王时常和他共谋国家大事。武王两次伐纣，周公都在军队里，定过许多计划。灭纣以后，大封功臣，周公封鲁，由他的儿子伯禽代理国事，武王留他本人辅助朝政。周初向东发展的形势，大约分两路：一路由现在的陕西武关东南向河南南阳一带，偏南到汉水流域，偏北到淮、颍的上流，就是《诗经》上所说的二南地方。这一线，文王时已开始有了相当的成功。一路循渭水夹黄河直向河南中部，稍北折就是商都。武王在这一线上得到很大的成功，把殷灭掉。东方殷的余势强大，仇视周人。武王和周公，一面封建有才干的亲族，抵御最前线；一面计划周都东迁，以便控制。

第一节　武王之死和周公摄政

武王灭殷，刚刚两年，一切没得施展，忽然大病起来，夜不能寐。周公赶快去见他，他说："天灭殷兴周，但一时还不能平定……（余语见前）"又接着说："假使我能执行天的明命，定天之所安，依天之所居，把和纣共恶的人去掉，使各国都归附西方，我只是为有德行的人做事，我愿意传位给他（指周公）。"周公泪滴到衣服上，一句话也说不出，只请问后嗣怎样。王说："旦，你是我最能干的弟弟。我叫你做事，你总是勤恳工作，连饭都无心吃。假使我传位给你，你对于国家自然更尽心。现在天意如此，王季、文王在天之灵，注定我的死期，我还不能安心，只是想着我们国家。你是很明白的，我们祖先把基业传到我身上，他们和农人耕田一样，都希望得到收获。我如不能成功，是叫祖先不得上配天帝。你应当承接这个使命，使它实现。假使你不顾大局，上不能追先人之德，下无以应人民之望，我也无法见祖先和上帝。这只是天降灾祸，你也不能使我病好。现在我们兄弟传位，我就传位给你。我们占卜一下你的新都城，就叫他们兴工建业。"这样一来，周公晓得局面不是这样简单，心里害怕，只拱手哭泣，他一时不能对病人说什么话。武王又接着说："新都应当在洛邑（详见前）。"武王病重，大臣们都恐慌起来。太公和召公说："我们要恭恭敬敬地替王占卜一下。"周公一肚子心事，更着急，说："平常的仪式，怕不能感动先王。"于是周公以身作质，在一块平场上筑起三座土坛，安排太王、王季、文王的神位。在这三座坛南面，又筑一座坛，周公面北立在这个坛上，旁边放着玉璧，手里拿着玉珪（璧、珪是参神应用的玉器），向三王祝告。史官开册读祝文说："现在你们的长孙发犯了重病，倘使你们在天上斥责他不应背弃人民，你就叫旦替他死。旦仁厚，驯顺，能干，多才多艺，能服事鬼神。你们的长孙不如我多才艺，不能事鬼神。你们是在上帝面前得到命令保佑四方的。你们能保佑子孙，四方人民没有不敬畏的。唉！我们只要不失天命，我们的先王也永远有所依附，长在宗庙里。现在我用龟卜听你们的命令：你们如答应我的要求，我就拿玉璧、玉珪回去等候你们的命令；如果不答应，我就把璧、珪放在一旁。"读完册文，周公叫史官在三王的神位前各放一个龟甲来占卜，结果一致大吉。周公大喜，开锁翻一翻看占卜的书，武王和自己都有吉无凶。周公到武王那里祝贺他说："这病不要紧，我刚从三王那里得到命令，我们还可以作长久计划，祖先还是记念我们的。"周公回去把史官的册文放在一个金縢柜里（一个金带捆束的柜子），叫看守的人守秘密，不要对任何人讲，第二天武王好了些。

周公向武王申说困难，自己决不能承继王位。武王谅解他的苦心，就叫周公立武王的儿子诵作太子。太子诵太小，一切大政仍由周公代理。武王再三嘱咐周公，为着祖先的基业，不可不负责。武王终于死了，寿数似乎不太高。儿子也很幼小，继王位，称成王，周公摄政。周公顾虑的王位继承问题，终于闹出风波。商朝前期的习惯：王位兄终弟及，后期渐有传嫡长子的倾向。周初颇有商的风气，虽不一定兄终弟及，也不一定传位长子。王季、武王都不是长子，有传贤的意味。文王很看重武王、周公，武王对周公也特别依重。艰难创造的时候，人才难得。武王颇有意传位周公，周公也知自己能胜任，困难的是武王以下还有一个哥哥管叔鲜。论传贤，自己不能自以为贤。自己大权在握，答应继位，总有自立的嫌疑，怕国人不服。论次序，国家多难，应立长君，应当是管叔鲜。所以周公对武王的话，总是流涕力辞。当时武王胜殷灭纣，东方诸侯不服；其余的，除了久附周人的以外，虽觉得周人可畏，但一旦推翻多少年的共主，也未免觉得不大合适，结果大家视强弱为转移。周朝两三代英明君主的成就,在这种情势下,很可能功亏一篑,完全塌台。周公很明了这种情形。太子诵太年轻,不能担负这副重担。管叔的才具不够,而且恐怕不能像武王那样地信任周公。这时候避重就轻,本武王的原意,立成王,周公为太宰摄政,实权在自己手里。召见群臣,朝会诸侯,有大事就称王,不避嫌疑。对成王本身,他还负着教育的责任。周公虽大公无私,煞费苦心,但大权独揽,形迹可疑,免不掉旁人的闲话和怀疑。

第二节　周室内部的不安

怀疑周公的有两部分:一部分是武王的大臣,周公代王行令,他们疑他专横。不过贤明的大臣完全为公,同在朝廷,容易了解周公的苦衷和设施,周公也容易向他们解释。另外一部分是周公的弟兄们,最主要的是管叔和蔡叔:在公的方面,管、蔡自然容易误会周公拥立成王不过是周公自立的手段;在私的方面,既然国家不稳定,成王年幼,为什么不兄终弟及,让管叔继位,却由你自己称王摄政?这一层误会,简直无法解释。管、蔡又封建在外,无法明了本国的情形。他们有强大的武力,再加以殷人的诱惑,决裂必不可免,殷人看到武王一死,觉得是一个恢复的机会。管、蔡和周公不和,更是千载一时。在这种情形下，周室自然多事了。

召公奭是周的同族，是武王的老臣，地位仅次于周公，也疑惑周公有别的意思。周公晓得他的心理，向他解释，劝他同心合力，共作贤臣。周公对他说："苍天无情，使殷朝灭亡。殷朝失掉天命，我们周国得到。我不敢说，我们永远获福。假使我们始终努力，也不敢说，我们最后仍免不掉不祥的来临。现在是我执政，我当然不敢不顾上天的威严而有懈怠。老百姓始终坦白无辜，全看在上的人如何。我们做儿孙的，不能顺天治民，遏绝祖先的功烈，是由于不知天道，丧失天命，不能发扬前人的明德。现在我并没有什么了不起的才德，我只是把祖、父的功业延长到幼主身上。天意难知，但我们一遵前人的成德，天也不会把文王得到的天命给取消的。从前成汤受到天命，就有伊尹辅佐，上配皇天。太甲时有保衡，太戊有伊陟、臣扈，上升帝廷。又有巫咸治理王家。祖乙时有巫贤，武丁时有甘般。有这些贤臣辅佐殷朝，殷先王才得上配天帝，历久不衰。天只保佑受天命、有德行的人。商的百官、王族，没有不奉公明法的。小吏和藩属也勤劳为国。惟有这许多称职的人帮助国君，他才能一人统治四方，卜筮、鬼神也给他好的预告，天常使贤才治理殷国，到末代才灭绝天命。我们能常想过去的史实，我们这个新的国家，就能永久获得天命。从前先王积德累仁，天将降命文王，使他治理中国，也有贤臣虢叔、闳夭、散宜生、太颠、南宫适等。文王的美德善行，溥及国人，也未始不是他们襄助的功劳。他们也只是尽力协助，上体天意，终于使文王功烈光大，达于天帝，天就降命文王代替殷朝。武王时还有四个人，同武王大张天威，把敌人灭掉，他们也协助武王发扬功德。现在到我身上，想从这大河急流中渡过，需要和你同舟共济。我并非继承王位，你不要责备我有二心，你应当勉励我努力干。国家老成退位，再也听不到凤鸟的叫声，怎么样能叫我们的德行上闻于天？你现在看到这些事实，应当知道我们国家受命无疆，虽很好，也很艰难。你应当明白、谅解我的心迹，不要贻误后人。武王很恳切地告诉我们，叫我们做百姓的榜样，辅助幼主，尽心行善，负重大的责任，接续文王的德政，我深感到前途艰巨的惶恐。我实在告诉你，我们应当共同警觉亡殷的覆辙，和我们国家受天命的不易。你疑惑我不诚吗？我想我们两个应当合力同心，人们都说：'因为这两个人，天要降福于国。'可是这两个人不敢当。假使你能找到贤才让我休息，他一定可以承受天福。唉！我们两人协力国事，我才能有今天这样。我愿意完成文王的功业，不敢懈怠，不敢不勉。我要叫东海日出的地方都归我们管辖。我很笨拙，重重复复地说了许多话，你应当谅解我悲天悯人的苦心。你晓得一般人总是有始无终，我们要始终如一。我言尽于此，希望你好好地治事。"召公知他无意于王位，愿作贤臣，当然高兴同他合作。据说后来他和周公在内政方面分陕而治："陕以东，周公主之；陕以西，召公主之。"同心合力，内安王室，外抚诸侯。

这时管叔、蔡叔的地位很重要，他们一不尽力，殷人就很容易叛变，何况他们不和周公合作。他们对于周公不能没有怨言，怨言传布出来，周公无法向他们解释，只能持之以镇定，不能再事更改。他们由怨而恨，更坚信周公是由居摄而篡位，一方面把这种话传到四方说："周公将不利于幼主"（"不利于孺子"），一方面预备武力解决。先嗾使武庚不听周朝的命令，然后联合东方的徐、奄诸国，和熊、盈、淮夷诸族，整军经武。殷人当然高兴和"三监"联合，可以借势恢复。这时武王死后不到一年。管、蔡希望他们的流言在朝廷上发生效力，把周公大权取消，或把他赶跑，甚至杀掉，事情就好办了。这一着，他们有相当的成功。

第三节　周公居东

周公处在嫌疑的地位，起初最忠心的召公都疑惑他，何况他人。这"不利于孺子"的谣言很容易使人相信，成王本人也相信。周公觉得情形不对，有一天，他召会群臣在闳门训话，他说："从前一个国家里面有大家、有宗室、有大臣发挥自己的德行，勤劳国家的事务，推荐才智之士、勇武之夫到朝廷，这样，贤明的君主才可以使国家兴盛。到后来有不管王国、王家怎么样的人出来造作谣言，向王前说些胡话，不过是谗间、贼害和妒忌别人，以不利于国家罢了。这种人免不掉明正典刑，被杀掉。可是国家也就因为这样而乱起来，我们不能不注意这一点。希望忠于国家的老臣分忧，共想办法。"这话虽说了，不大见效，流言越来越凶，周公觉得现在也无从再辩驳，只有等待将来事实的证明。周公知道这谣言来自管、蔡。管、蔡和东方不足虑，都有把握，但要紧的是国人拥护，国人不拥护，甚至起来反对，事情就糟了。自己一身不要紧，国家怎么办？管、蔡胜利还不要紧，殷商胜利，周就完了。管叔的力量又完全寄托在殷人身上。于是决定让却大权，到自己的鲁国去，躲避这个风头。就告诉太公和召公说："现在的情形不对，我要躲避一下。我要不躲避，人们不会谅解我，我也无话答复我们的先王。"于是周公出居东方，他似乎不是完全消极不问事。自己到东方，一方面可以视察东方的情势，筹备对策。他知道还有最后的一幕。一方面镇抚周南、召南等地，那是文王以来主要的根据地，他恐怕对于军事也有相当的准备，他在那里还可以专心治军。将近二年的光景，真相暴露出来。

管、蔡本希望周国还有进一步的纷扰，哪知周公出居东方以后，一切反倒平静起来。管、蔡势成骑虎，殷人不能再放下干戈讲和平。东方最大的奄国国君蒲姑向武庚说："武王死了，成王年轻，周公不得周人的信任，这是千载一时的好机会，还等什么？可以动兵啦！"于是武庚、管、蔡一同举兵，号召四方。西方和南方响应的很少，管、蔡的力量并不大。霍叔年幼，只能随着两个哥哥。武庚的力量却很大，东方整个发动。奄、淮夷、徐戎，和熊、盈十七族，最大的东夷八国，一齐起兵和武庚联合，声势浩大，几乎恢复到武王以前的局面。周人觉得武庚叛变没什么奇怪，管、蔡和他联盟甚为痛心。知道应付这严重局面，非有才干威望的大臣不成，他们自然想到周公。关于他的谣言，现在细想起来，似乎都是出自管叔、蔡叔那方面的人。大家渐渐明白这不过是离间之计。管、蔡希望周公退位，他们好作乱，他们和殷人联合确是不可饶恕的。可是成王一时不能消除隔阂，只好让事情拖延下去。

过了些时，周公深感前途危险，又深觉到非自己出来不可，但却苦于没机会，他写了一首诗送给成王，那首诗说：

> 鸱鸮，鸱鸮，既取我子，无毁我室。恩斯，勤斯，鬻子之闵斯。迨天之未阴雨，彻彼桑土，绸缪牖户。今女下民，或敢侮予？予手拮据，予

> 所捋荼,予所蓄租,予口卒瘏,曰予未有室家。
> 予羽谯谯,予尾翛翛,予室翘翘,风雨所漂摇,
> 予维音哓哓。

译成现在的话就是:"鸮鸟,鸮鸟,你既捉去了我的小鸟,不要再毁掉我的窝巢。"这几句说:殷人既然把管叔、蔡叔卷入漩涡,不要再想毁灭周国。"我爱护它,我经营它,希望你也可惜它。"警告成王不要轻把基业丧失。"天还没雨、没阴,我先剥些桑根,来缠紧窗子和门。谁还敢欺侮我吗?你们这些人。"这述说自己经营的苦心。结果"我的手拮据不伸,我多采了苇苕。我喙取丰富的蓄积,我的嘴累坏了,可是我却没有了窠巢"。周公鞠躬尽瘁,却被驱逐出国。现在呢:"零落了我的羽毛,垂折了我的尾梢。我的房子岌岌欲倒,为大风雨飘摇,我只能不休地哓哓。"自己受尽了苦痛和摧折,现在国家危险,东方大乱,自己却只能说说空话。

这篇诗有责备成王多疑的意思。成王看到不大高兴,也没有完全相信周公的忠实,他也不好意思回复辩驳,又搁置起来。真相逐渐明白,下面群臣大夫却忍耐不住,都希望正式请周公回来,安慰他这一场冤枉。他们作了几篇诗歌,有一篇说:

> 伐柯如何?非斧不克。取妻如何?匪媒不得。伐

柯,伐柯,其则不远。我觏之子,笾豆有践。

大意说:"伐枝作斧柄,非斧不行。娶妻,非媒不成。砍树枝,看手里、眼前的样子。想见周公,笾豆要整齐(要整齐的筵席和隆重的典礼)。"

有一篇说:

> 九罭之鱼,鳟鲂。我觏之子,衮衣绣裳。鸿飞遵渚,公归无所,于女信处。鸿飞遵陆,公归不复,于女信宿。是以有衮衣兮,无以我公归兮,无使我心悲兮!

大意说:"鳟鲂,逃不脱密网。想见周公,还要衮衣绣裳(大典礼穿的衣服)。鸿在沙洲上飞来飞去,周公欲归无处,只能在东边小地方住。鸿在土阜上飞去飞来,周公想回来不能回来,只能住在那里不离开。这里衣服上绣龙,可是没有人拿它迎公。这,不要再叫我们悲恸。"

当时殷朝复兴,周人没有出兵。假使不起用周公,周人没有统一东西的希望,他们已经没了斗志。在周公写《鸱鸮》诗的那一年秋天,一场天灾促使周公复起。秋天禾黍长得很好,眼看着要收获,忽然霹雳闪电,又刮起大风,禾黍都倒在田里,大树也连根拔起,国内人民很惊慌。成王和群臣都戴上皮礼帽,打开金縢柜，想查一下书，看大风雷是什么原因，忽然翻到武王病重时周公愿意替死的祝文。二公和王就问那些史官和执事官，他们说："不错，是有的，可是周公有命令，不敢对别人讲。"成王大为感动，捧书滴泪说："用不着正式占卜了，从前周公尽力王室，我太年轻，一点也不知道。现在上天动威，表白周公的德行，我应当亲自接他回来，这也是礼所应当。"成王马上出发，到了郊外，天落下雨来，风向也反过来把禾黍吹起。二公叫国人把大树压倒的禾黍扶起，培一下土，把落下的禾穗拾起，这年仍是丰年。成王到东方迎接周公，周公就和成王决定对东方用武。

第四节　周公平管蔡灭殷

出兵利在迅速，迟则生变，没有把握。周公立刻召集军队，诸侯听到周公复起，也来朝会。对于伐殷的事，他们都没有把握，异说纷纷。周公在大会上陈述经过和决定东伐的原因，鼓励他们的勇气。周公称天命说："我想在这盛大的集会上，向各国君主和大臣详细讲一下我们这次集会的意义。苍天无情，降灾我家，武王没有等到国家安定就死了。我们的幼主继承大业，他太年轻，没能力治理民事，更谈不到上知天命。我感觉到幼主像要渡过大水，我只求过得去。

依靠祖宗获得天命，我不能忘掉他们的大事业。我不敢谢绝天降的大法。文王在大灵龟上告诉我承受大命（摄政），于是我们西方遇到大变故。西方人传播谣言，浮动不安，贫弱的殷国竟想维持共主的传统。上天告诉我国家多事，百姓不安，叫我回来再为国家尽力。现在他们作乱，我们有十个人才足以应付，我愿意谨随文、武之后，完成大业，我要领兵东伐，用龟占卜，连得吉兆。所以我告诉各友邦的君主、大臣、将士和执事官说：'天赐吉兆，叫我率领各国东伐殷人的乌合集团。'你们各国的君主、将士和执事官都说：'这事情太艰巨，里面百姓不安定。这个问题也关系王室自身，管、蔡是幼主的叔父，不便征伐。王为什么不违背占卜呢？'我替幼主揣想前途的危难。唉！国家发生叛乱，遭殃的还是无辜的百姓；我负责上天给我的重任去解救百姓，并非为我自身。我很愿意各国君主、将士、大臣、执事官，鼓励我说：'不要为忧愁所困，不可不完成前人的事业。'我想我们幼主不敢废掉上帝的命令。从前天降福先王，使我们小国强大。先王惟有信用占卜，才能安受天命。现在上天护佑人民，我们自然应当听信占卜。唉！上天显示尊严，辅助我们的基业。"周公又称王说："你们中间很多是国家的旧人，愿你们想一想从前先王的勤劳。上天关切我们的成功，我不敢不完成先王的志愿。我并非造作言语来劝诱友邦的君主，上天确有恳切的话叫我为人民做事，我怎么能不追随前人，完成计划？上天关切人民，他们有疾苦，我怎么能不追随前人，接受福佑？"周公又称王说："前些时我到东方去的时候，我常日夜地想：假使父亲造房子，已经计划好，他儿子倒不肯打地基，更提不到架梁盖瓦，他父亲当然不肯说：'后继有人，他没有舍弃我的事业。'父亲耕田除草，儿子倒不肯播种，更谈不到收获，父亲当然不肯说：'后继有人，他没有舍弃我的事业。'现在轮到我身上，敢不承接先王的天命？假如父兄有些朋友，他们的儿子被人侵伐欺侮，你们能说：'不要救他？'"周公又称王说："唉！大家勉励些！各国的君主和执事官：明智的人才能有益国事，我们有十个人才能上知天命。天意确切，你们不要轻违它的定法。现在天决定降命周国，只有发难作乱的人，才攻伐王家。你们不知道天命之不变？我常想：天要殷国灭亡，我和农夫一样，敢不耕完我的田地？天是这样降福先人，我有什么道理不听占卜的吉兆？前人的疆土，我们不能放弃，况且卜兆都是吉的，所以我决定同大家东征。天命不会欺人的，占卜就是这样。"

周公这一番"政治工作"，果然收到重大的效果，结果诸侯一致决定用兵。周公整编队伍，轻车熟路，直冲殷都。武庚的基础本不稳固，又加搀杂着管、蔡系统的周人，他们不见得都愿和殷人合作，反以殷人为主,周人为客。他们知道周公的厉害,殷人也畏服周公的威望。这一次决战,似乎并没费多大力量,周公便获得全胜。武庚被杀,殷臣有的逃到东方,有的被捉。管叔自知不会有什么好结果,自缢而死。蔡叔被捉,囚到郭凌。霍叔年幼,没有将他大惩罚。灭商以后,又移兵东征,从现在的河南北部转向山东,那里有最大的奄国(现在山东曲阜),东面南面有徐戎、淮夷、殷朝老臣飞廉等熊、盈十七族,东边一直到海。周兵似乎分成两路:召公以王命命太公经营东北一路,西自大河,东到海,北到海滨的无棣,南到穆陵,抄到各夷族的侧面;周公偏向东南,正对着奄国。周公在这一方面,遇到强敌,和奄国苦战,打不下来,殷朝遗臣都集中在那里。奄国和他的联盟,似乎还驱使猛兽——虎、豹、象、犀等作战,说不定编有象队。久战不下,辛公甲向周公说:"强大的难攻,弱小的易服。不如先打下较弱的,再来包围强大的。"周公似乎要采用他的计划,预备迁回东攻九夷。太公那一面比较容易,灭掉了强大的蒲姑(现在的山东博兴县),又转向西南。成王时刻关心东方的战争,恰巧成王的弟弟唐叔得到一棵嘉禾:"二苗共一穗",成王叫唐叔送给周公,知道战争不甚顺利,再发兵东援,以召公为保,周公为师,亲自东征。这支大军仍由周公指挥,似乎是由南方绕进,先攻淮夷等族。原来的部队(主力似乎是鲁兵)大概由伯禽率领。数路合围，终于把奄国灭掉，各夷族退向东南海边。这场战事延长了三年，灭掉五十国。飞廉逃到海边，也捉住杀了。把奄君迁到蒲姑，把象队赶到南方。徐戎、淮夷、熊、盈各族未被灭掉的都一时表示服从。他们后来始终和周人捣乱，为周朝历代的大敌。几年苦战，周公二次平定东方。商遗民的强宗豪族分迁各处，最顽强的迁到要建筑的洛邑，由王室直接管辖。成王和周公从奄班师西还。《诗经》上有一首《东山》诗描写一个士兵在路上的情绪说：

> 我徂东山，慆慆不归。我来自东，零雨其濛。我东曰归，我心西悲。制彼裳衣，勿士行枚。蜎蜎者蠋，烝在桑野。敦彼独宿，亦在车下。
>
> 我徂东山，慆慆不归。我来自东，零雨其濛。果臝之实，亦施于宇。伊威在室，蟏蛸在户。町畽鹿场，熠耀宵行。不可畏也，伊可怀也。
>
> 我徂东山，慆慆不归。我来自东，零雨其濛。鹳鸣于垤，妇叹于室。洒埽穹窒，我征聿至。有敦瓜苦，烝在栗薪。自我不见，于今三年。
>
> 我徂东山，慆慆不归。我来自东，零雨其濛。仓庚于飞，熠耀其羽。之子于归，皇驳其

马。亲结其缡,九十其仪。其新孔嘉,其旧如之何?

译成现在的话是:

> 我到东方去,慆慆久不归。今我来自东,细雨又濛濛。身在东方说西归,心已早向西方悲。她惦记着说:"整治他穿的衣服,放下他口衔的枚。蠕蠕的野蚕,布满在桑林间。迟迟的他,独宿在车下边。"

> 我到东方去,慆慆久不归。今我来自东,细雨又濛濛。栝蒌累累爬上了草房,室内的潮虫在地下来往,门口、窗前结满了蟢蛛网。野鹿的脚迹纵横在广场。夜晚闪烁着碧绿的萤光。那可怕吗?不,那里引起我无限的怀想。

> 我到东方去,慆慆久不归。今我来自东,细雨又濛濛。老鹳喜雨在蚁丘上长鸣,室内透出她的叹声。她扫除了灰尘,填塞了鼠洞。我终于回到了故乡,这长征的士兵。纍垂垂的苦瓜,挂满了柴架。算一算啊,我已经三年没有看见它。

> 我到东方去,慆慆久不归。今我来自东,细雨又濛濛。记得那个春天,仓庚到处飞,炫耀着彩羽,是她新婚的好日子。看吗,那黄花、红花的马匹。我亲自结牢了她的绣巾,一件一件的仪

式闹得我头晕。别人说:"久别胜新婚。"究竟怎么样?我要问你们。

回到宗周(镐京),周公向新降服的国家宣告说:"现在告诉你们四方各国,尤其是殷朝的诸侯、长官:我给你们的训令,你们应当没有不晓得的。我们晓得上天大命无常,我们严肃地回想一下。从前上帝降命夏国,后来夏王放纵自恣,不问人民疾苦,淫乱昏暴,不能有一天勉行上帝之道。你们都听说过桀妄希帝命,不能慈惠众民。上帝大下诛罚,扰乱夏国。内政紊乱,号令不行。上下贪财,剥削小民。人民也自趋贪戾,残害国家。上天于是别求民主,大降美命于成汤,灭掉有夏。天之不降福于夏,也是因为你们各国的贤人不能长享禄位。夏朝用的官吏不能造福人民,都是暴君污吏,一切的事情乱七八糟。只有成汤能同你们各国替代夏朝作民众的主人。慎刑罚,施教化,不得已用刑,也有劝勉的意思。商朝各王直到帝乙时候,没有不明德慎罚以施教化的。刑戮罪人,开释无辜,也是教民向善。到了你们现在的王,不能同你们共享天命。""唉!"王(周公)又说:"我告诉你们各国,并不是天抛弃夏国,也不是天抛弃殷国,只是你们的君主领导你们各国妄希天命,好话说尽而作恶多端。从前夏国为政治民,不在享天命上打算,天就使它灭亡,另一个国家来替它。后来你们商朝的后王太放纵逸豫，政治恶劣，天也使它灭亡。明哲的人不用思想，会变成傲慢无知；傲慢无知的人能常反省，也能变成明哲的人。上天因此又给纣五年反省的机会。他虽为人主，却始终没有使人爱念的地方，天于是转向你们各国，显示威严，希望你们中间有值得照拂的。只是你们各国没有一个像样的，只有我们周王善治众民，能行德政，能主神天的祭祀。天赐我们吉祥，叫我们代殷命，治理你们各国。我不敢多说，我只正式给你们命令。你们为什么不老老实实地在你们各国施行？你们为什么不辅助周王共享天命？现在你们还是住你们原来的地方，耕你们原来的田地。你们为什么不服从周王光大天命？你们反倒屡次地不安静。你们心不驯良，你们不细想一想天命，你们蔑视玩弄天命，你们自作不法，还想奉为正典。我也因为这个告诫你们，因为这个使用武力俘囚你们。一而再，再而三，不听命令，我只得大罚杀戮。并不是我们周国不喜安静，实在是你们自召罪责。"王又说："唉！告诉你们各国的人士和殷国的人士：你们奔走臣服我们的三监，已经有五年历史。在胥、伯和大小长官那里，你们无不奉公守法，怎么又自己乱起来？现在要你们安静和好，家族亲睦。要你们在本国自行劝勉，你们自己要勤谨工作。你们的上官自然不记恨你们旧时的恶行，你们自己也要好好地替自己本国谋幸福。你们中间迁到洛邑的，也要永远勉力种田，上天自会可怜你们。我们周朝自然也有丰厚的酬赏，选拔到朝廷任职做主要的官吏。"王又说："唉！各国人士：你们不听我的命令，也决不能享天命，大家也会说你们不去享受。你们放荡邪僻不用王命，这样是你们自求天罚。我也就致天之罚，驱逐你们远离故土。"又说："我不但琐琐碎碎地告诫你们，我正式告诉你们天命。"又说："是你们从前不能谨慎地和平相处，得到惩罚，不要怨我。"于是周公开始他稳定全国的计划。内忧外患一齐来，而周公不失常度，步骤从容，能谋能断，度过这场风波。周人事后有一首诗称赞他说：

狼跋其胡，载疐其尾。公孙硕肤，赤舄几几。狼疐其尾，载跋其胡。公孙硕肤，德音不瑕。

大意说："狼，前行踏胡，后退撞尾。周公谦恭从容，朱履绥绥。狼，后退撞尾，前行踏胡。周公谦恭从容，完美如故。"

第五节　营洛邑和封诸侯

军事完了，最急切是处治殷遗民的问题。这和周室怎样统治广大的地域并使它凝固，有联带的关系。

周朝推行封建制度,最古部落并立,无所谓封,无所谓建,东边自然形成一个部落,西边自然形成一个部落。他们原不想并立共处,于是杀伐征夺,无时或已。在炎、黄时代,有了以武力取得地位的共主,他至少有一部分控制各部落的力量。尧、舜时代,武力夺取的共主变为部落公推的共主,共主对于各部落增强了控制力,但封建还没有出现。夏朝以后,变动的共主变为固定的共主,力量增强。他去旧换新,还办得到,因此有了真的封和建。渐渐由离心的部落,变为向心的封建。王室分封亲族做诸侯,正是巩固自己的地位,和分裂的部落削弱王室正相反。周室的封建正是循着前一义,用旧有的政治形态遂行新的任务,使整个国家凝固。周朝的封建是有计划的一种政治制度。一个政治中心(国都所在地)不能维系辽远的地域,于是化整为零,由一个大中心发出许多小中心,布满全地面,组成一面网。这个网虽疏而不密,却能把广大的地域一网罩着。王室抓着这个大中心,提纲挈领,能维系这许多小中心就够了,余下的小事情让他们自己做。这许多小中心的主人,一方面应现实的需要,多半是王室的亲族;一方面也没忽略过去的历史,仍然分封前代圣王的后人,尊重他们的风习,维系他们的民心,这是周初的封建。

(一)**营洛邑** 周都太偏西方,统领东方的诸侯不容易。又不能整个搬家,于是王朝本身就先来一个分封，在东方营建洛邑。洛邑当然不能完全代替镐京的地位。但诚如周公所说："此天下之中，四方入贡，道里均。"这地方是全国的中心，容易统系四方诸侯，接受他们的贡赋，便于他们的朝觐、会同。营建洛邑，我们前面讲过，是武王和周公商量的结果。周公二次灭殷以后，预备迁殷国倔强的遗民到这里。扩充原来的计划，很早就开始相度这块地方。营建城郭的时期，有的说是周公摄政五年，有的说是七年。规模弘大，开始和完成，需要相当时间。或许是五年开始，七年完成，在当时是一件重大的事情。在周公本身说，建立新都是预备还政成王。周朝自太王、王季以来，每代都创建新都城，洛邑是成王建筑的，又叫成周，计划规模都出自周公之手。那一年二月下旬，成王和群臣在镐京祭告武王，又步行到丰祭告文王，祝告作洛的事情。先叫太保召公东到洛水，选视地址。三月上旬，太保到洛相视和占卜吉地，开始测量，划定地位。并召集新迁来的殷人，在洛水之曲打定地基。三月中旬地基筑好，周公也来了，周公视察一周，把地图和占卜的结果派人送给成王看。周公的任务似乎特别注重迁徙和抚安殷民，周公报告说："王不能亲自来看地方，我就继太保来相视东土。到洛后，占卜殷民迁徙的地方，先卜河北黎水，再卜涧水东，瀍水西，利用水来饮食灌溉。又卜瀍水东，也利用洛水。"他所卜的河北黎水，似乎是迁徙大部分殷民的卫国。下边两个地方都在洛水北岸，相距不远。周公决定在瀍涧之间筑一个大城，正式作周之东都，后来叫王城。在瀍水东筑一个较小的城，为东都的下都，殷遗民聚居在那里。两地合起来混称洛邑或成周。周公决定后，正式杀牛祭天。杀牛、羊、猪祭土谷神。各国诸侯晓得王室有大工作，也来帮忙。三月下旬周公召集诸侯和殷遗民谈话，分配工作。

周公称王命向殷民训话说："殷国的士民们：苍天无情，降祸于殷。我们周朝奉命，用天明威，罚纣，断绝殷命。你们要晓得，并不是我们小国敢取殷命而代之，只是天不给昏乱者以天命，就来辅助我们。我们哪里敢自求大位。上帝之命不可见，只看下民的情况，就知道上天的大法。我听说上帝向善避恶，夏国政治清明的时候，上帝降命，享他的祭祀，后来夏政衰乱，不能用天命，放纵多端，天也不再顾念他，断绝大命，大降罪罚，命你们祖先成汤革夏命，叫他安民治国。从成汤到帝乙，无不勉于德行，恭谨祭祀。也是上天保佑殷国，殷王也未辜负天意。他们无不上配于天，泽流后世。到后王纣无德于天，更不念祖先教训，放纵自恣，不顾天心民意。于是上帝不再保佑，降下这样大祸。惟有上天不答应那些坏德败行的国家，四方大小各国的灭亡都有应加责罚的大罪。"又说："你们殷朝的众士民：现在我们周王上奉帝命，他叫我们灭掉殷国，回复上帝。我们对你们并无敌意，只是你们敌视我们，我所以说只是你们不守法度，我们并没有意思征伐，是你们自己先闹起来。我也上体天意，就攻殷纠正你们的错误。"又说："告诉你们众士民：我现在把你们迁到西方，并不是我一个人多事好动，这只是天命如此。你们服从天命，我以后也不敢再有更动，现在不能怨我，只是你们见过殷朝祖先遗留下的典册，记载着殷革夏命，你们又可以说：'夏朝灭亡的时候，夏人进用于朝，都可以做官。'其实我自己只选有品德的人进用。你们在商都的时候，我怎么敢求你们，我只是宽容可怜你们，不是我的错误，只是天意。"又说："士民们：前些时我征奄回来，给你们四国一个训令，我明致天罚，迁徙你们远离故土，臣事宗周。"又说："告诉你们殷朝的士民：现在我不忍杀你们，我重申前命，现在在洛水岸边筑一个大城，它处四方之中，对各国都很方便。要你们众士民服务效劳，好好地工作。你们也可以耕你们的田地，过安静的生活。你们能这样好好地下去，天也会矜怜你们。你们不好好地过活，你们不但放弃了土地，我也致天之罚到你们身上。现在在这里筑你们的城郭，作你们的房舍。你们在这里可以福寿康强，你们的子孙也从此兴盛起来。"

周公训话分配工作以后，殷民开始工作。召公率领诸侯从外面拿来许多米币和礼物送给周公，说了一篇告诫成王并贺新都的话，请周公传给成王。这城的规模相当伟大,瀍水西边的王城方一千七百二十丈,东边的城稍小些。郭郭方七十里,把两个城围在一块。南靠洛水,北困郏山。在王城南郊设"丘兆",祭祀上帝,以后稷配享,日、月、星、辰和先王陪位。又在城内立大社,祭土谷神。神坛是用五色土筑成的:东边青土,南边红土,西边白土,北边黑土,中央黄土。封诸侯的时候,诸侯就其所在的方位,凿一块土,放在他自己国内的社上。在城内又有五所大建筑(五宫):太庙是祭祖先的庙,宗宫是专为文王立的庙,考宫是专为武王立的庙,路寝是王的住处,明堂是发布命令的办公处、朝会诸侯的大礼堂。这几处都很讲究。筑成以后,把商朝的祭器、受到天命的象征物——九鼎迁到王城,正式为天下政治的中心。在那里占卜周朝的命运,周朝可以传三十世,七百年。

(二) **封诸侯** 殷遗民除了住在王城下都的一部分外,仍有他们独立的封国。纣的直系子孙没有了,纣的哥哥微子启对周的态度较缓和,周封他在宋(现在的河南商丘县),为殷民的君长,奉其先祀。宋是殷先王的古都,殷人的旧地。他们的政令风俗仍和周大同小异,维持着一部分特性。原来殷墟的南面建了一个卫国,治理没迁走的殷民。卫国是周公弟弟康叔的封国,他下边有"殷民七族"。这块地方当时很重要,也不易管理。康叔是周公最贤能的弟弟,封他的时候,周公再三申命告诫他:"文王明德慎罚,畏天爱民，治理西方。上帝晓得了，就降下大命，命他灭戎、殷，治万民。现在封你在东方殷朝故地，你应当念父亲的遗法，到那里询问殷国的贤人长者，访求殷朝前代贤王的成规，尊重殷人的风俗习惯，再加上虞、夏前王的遗训，这样可以修身治国，不至于有危险。到那里应当勤谨民事，慎明刑罚。务在以德行罚，最好能完全感化，不得已时也须要用重刑，切不可苟且偷安。"又详细告诉他刑罚的用法，以不孝、不弟、渎乱人伦为最大的罪恶。康叔对刑罚特别专长，后来用他做周朝的司寇。周公又针对殷人酗酒的坏习气，告诉他饮酒的害处，他厉行禁酒说："文王在西土建国，酒只祭祀时用。殷国上下沉湎于酒，这是他们灭亡、我们兴起的大原因。现在那里饮酒的风气还很盛，你到那里，不但自己要戒慎恐惧，不得沾染一点；下边的官吏百姓也要禁酒，不听劝告的，必要时，不惜用严刑处置。"

原来的奄国也是商朝的主要根据地，周公把伯禽的鲁国移在那里。那里有商、奄的余民，有"殷民六族"。因为周公的关系，鲁国在东方是最主要的国家。鲁国除各封国都有一份宝物祭器外，还有许多典籍、书册、仪器、法物，这和后来鲁国成为一时的文化中心及产生孔子大有关系。除鲁、卫外，王室亲族的封国还有很多。荀子说周公"兼制天下，立七十一国，姬姓独居五十三人焉。周之子孙苟不狂惑者，莫不为天下之显诸侯"。重要的，在现在山西南部。虞、夏故地，有成王的弟弟叔虞的晋国。在现在河北省，有召公后人的燕国（从原来的封地北迁）。在河南东南部，有蔡叔度的儿子蔡仲的蔡国。在汉水流域，有随国。重要的异姓（非姬姓）国家，姜姓有在现在山东东部的齐（太公之后），河南南部的申、许。妫姓有在现在河南东部的陈（虞舜之后），有姒姓夏禹之后的杞。当时的详情，无法知道。大体说起来，西从现在的陕西西部，东至海，南边到长江、汉水，北到辽河流域，星罗棋布，布置着满盘棋子，控制着广大地域。在周公以前，文、武已经封过许多国家。迨周公以后，历代都有增添。这许多国家不尽是周公所封，可是主要的大规模的分封却是周公的计划。

周公替坐西向东的周朝，布置了一面向东展开的网。这网疏而不密。每个国家的中心只是一个方圆数里的城郭，城郭以外开辟的地方不过几十里见方，近处是农田，远处多半是山林川泽。最外边培一条厚厚的土堤，把整个区域围绕起来，就是所谓"封疆"。封疆以外全是茫茫的草原，是游牧部族的驰骋地，当时指为戎狄区。这些城郭国家虽像大海中的小岛，但彼此息息相通，足以镇抚戎狄，不致扰乱。他们之能互通声气，全赖大家共戴周室为共主，听他指挥（后来西周衰弱，诸侯的联系松弛，秩序大乱，戎狄都闹起来）。时常和周室为难的，在西北两方面是老仇人犬戎（他们是游牧部族，后来散布到各地）。在东南两方面大半是不服从周朝的城郭国家，最有名的有淮水流域的徐国，汉水流域的楚国，都是叛服不定，常常用兵。

城郭国家内部情形大致相同，城内的建筑都有宗庙、社稷、宫室等等，和洛邑仿佛。大的封国或许不只一个城圈子，像洛邑的下都一样，另外还有小城圈。人口很少，大概最多不过几万人，最少或竟不到一千人。主要的城圈叫"国"，居民称"国人"；小城圈叫"都"，居民称"都人"；城外的农民称"鄙人"。诸侯以下，有贵族、卿大夫，多半是国君的宗亲，他们分掌国家的政事，国君总其成。宗教性的祭祀山川和土谷神等，由政治首领兼办。学术教育只贵族才有，他们能读古代的典册和书写文字。日常的生活，来往交际，都有一定的规矩和方式（礼）来维持社会的秩序。他们有车马和兵器，经常地练习射箭和驾车。车子是用四匹马或六匹马拉的，有平时的车和战车，战争主要由贵族执行。下边的平民阶级，有学习一两种技术如写字、计算、驾车等以补贵族之不足的"士"，他们有的是住在城内的，有的是从乡间来的俊秀农民。士以下大多数是住在乡鄙的农人，勤恳耕种，供给国家的支出，生活方式没有规定的礼，却有法令来维持秩序。衣服用具也和贵族有分别，他们没有车马和兵器。工匠和商人都由政府管理，受政府指挥，供给贵族的需要。出兵打仗，农民只能充没有甲胄的步兵。土地所有权属于封君、贵族，耕地分划成井字形，就是所谓"井田"制。井田的标准，是一块正方九百亩的田。正中一块是公田，四周八块是私田，分给八家。八家共耕公田，耕完了公田再耕私田。公田的收入归公家，每一井是一个经济单位，他们互相协助，自成一个小社会。农民一达成年，就获得分配下来的一块田；老年不能耕种，退还公家。对于农业技术的改进，由贵族特置农官和管理灌溉的官来教导农民。他们颁行历法，指示耕作的节候，辨别土壤的好坏和适宜的农作物，拣选种子，指导种法，督促农民工作，抚恤他们的勤苦，上下也因此能融合为一。农民除耕田外，女子要养蚕织布。不可耕的山地和川泽，往往是贵族们的禁地，他们在那里打猎习武。平民砍伐树木和捕鱼猎兽，都有限定的时期。农民的生活差不多限定在井田格子上。

这些诸侯，战时共同一致，由周王率领对付敌人，平时对周王五年四次派使臣聘问，一次亲自朝觐。周王祭祀上帝的时候，他们也来聚会听命。大朝会行礼完毕，讲习各诸侯分封爵位的意义和使命，使每一个国家都明了它在全体中的地位。排定长幼次序、上下规矩，制定各国对王室进贡财物的多少。这些财物还是用到公共的事上，主要的是祭祀和战争，由周王支配；数目和性质，按国家的班次、贫富和出产来分配。班次高、爵位贵的封国，往往重要而富庶，进贡也最多，这只是大致的办法，距周都的远近是实际限制。靠近王室的国家，差不多直接受王室管辖，贡物特别繁重。愈远的国家，朝聘的次数和进贡的数量都愈少。最远的国家有一代只来一次的。王室大兴作，诸侯也来帮忙助力，营建洛邑就是一例。各国新君继位，都要周王正式下命令，没有命令不能正式算诸侯。大国卿的地位和小国的君主相等，往往也出于周王的任命。周王对不尽职的诸侯先警告，不听就用兵讨伐。天王也常遣使聘问各国，各国也互相聘问。诸侯有时亲自会面，必要时订立盟约。他们进行这些事务，都有繁密、富于艺术性的礼节。封建的制定和规定，弘大详密，虽不见得完全出自周公的心裁，但具有深刻意义的大经大法，大概都经过周公的规划。这个制度维持了几百年，促进中国进一步的凝固。

第六节 定官制和制礼乐

（一）**定官制** 周公以封建为地方行政组织，尽量使它完密。在中央政府方面，也有许多设施而同时行于各国。平管、蔡后，命大正（大司寇，管刑法的官）正刑法，作《刑书》九篇。内容现在无法知道，似乎是大乱以后需要的法律，当时自然很重要。官制也有一番厘定，记载也散失，后来传下来的《周官》(《周礼》)是后人写的，夹杂着大量的理想。周公开始制定周代官制，这部书著作者的主名就推尊他。里面自然有一部分周代的真制度，可是我们无法拣择。周公似乎进一步把官吏的权限划分清楚，在丰邑作"周官立政"(《尚书》里的篇名)，使"官别其宜"。他特别注重用贤使能的人治，条文制度都是人的工具。人不健全，什么都办不好。周公告诫成王先自明德慎行，再用贤才，再分职任事。主要的官职有总理政务的，有管理军事的，有司法律刑罚的。《周礼》记载大小官吏三百六十，分六大部门：天官冢宰总理政务和王室的私事，地官司徒司民政教化，春官宗伯掌祭祀礼乐，夏官司马专司兵戎，秋官司寇司刑狱，冬官司空司兴作工役。各部组织和职掌都有详细的规定。后代把它看成政治组织理想的标准，只是它不尽是当时的真相。

（二）**制礼乐** 周公除了是实际的政治家，在政治上有不可磨灭的事业外，他还与孔子并称大圣。他的伟大人格不下于孔子，后来中国人的思想性格都受他的影响。他发挥一部分力量在制礼作乐上。礼、乐直接为后来的儒家所崇仰引用，又继续他的工作，他们的成绩都饮水思源地归功周公。不过周公的制作，是切合当时的要求和实际生活的习惯而加以调整划一，实施于当世。后来儒家的增作，只是他们理想的发挥，并未见诸实施。儒家一贯的态度是尊重先师先圣，不敢自以为有所创获，自己的工作不过是探先圣之意而为之注释。可是这样一来，先后的事实和理想混在一块不易分辨。历史家为审慎起见，往往把一件可疑的事情放在后面。前段提到的《周官》就是一个例子，里面隐藏着改头换面的史实，可是我们只能把它当作儒家的理想。现在要讲的制礼作乐，也有同样的情形，有传下来的书而不足信。

"礼"，最广义地说，是"文化的外型"。它涉及人类生活的各方面。天文、地理、人事无不包括。人事中，上自政治经济的制度、法则、分划、组织，教育上的方法、意义，社会上的礼、俗、制度，下至日常生活最细微的节目，都在礼的范围以内。假使制定全部的礼而赋以生命，简直就是造了一种文化。我们晓得这是整个民族的工作，而不是某一个人的工作。周公制礼，当然不能这样解说，他可以说当殷、周之际，周王朝新起，要融合二代的风俗制度，加以厘定，使确可实行而又能达到他的理想。其中斟酌断制，当然煞费苦心。孟子赞他说："周公思兼三王，以施四事。其有不合者，仰而思之，夜以继日；幸而得之，坐以待旦。"正是指他要融合三代，为着远大的理想，日夜地勤恳工作。制度方面，我们已经谈过封建和官制。现在再来看他在狭义的礼、乐方面的成绩：狭义的礼是指当时的生活方式，方式中有许多富于艺术性的仪节。执行这些仪节，配合着各种舞蹈和音乐。这些礼法只行于上层阶级，在那时只有上层阶级富于精神生活，思想活泼（后来直到孔子、墨子出来才打破阶级，普及平民）。礼、乐虽限于贵族阶级，但决非一种无聊的粉饰；它是一种广义的教育，精神的陶冶。行礼作乐的时候，要你全人格真实表现，要你一种内心的虔诚。这可以说它有宗教性，尤其是礼中最重要的祭礼。专从功利上讲，政治、法律是一种强制的力量，是从利害上克服人身。礼、乐是一种自然的感化，是从精神上劝服人心。当时平民受了经济的限制，不能有丰富的精神生活，无从接受礼、乐，只有无情的法律容易执行。也就是说，法律只消极地干涉到物质生活。富于精神生活的人应当有一种陶冶，在精神上变化他整个人格。他不只是守规矩，而且能积极地创制。当时的贵族们受到礼、乐的陶冶，造成具备某种精神的人群，造成一种传统。这种传统的精神普及于平民，浮显于文化，影响到后世。

周公摄政第六年，制礼作乐。据说他要作礼、乐，迟疑了三年。他怕自己作出来别人不服；要大事兴作，怕别人不了解它的意义；敷衍下去，又不能发扬祖先的功业，使德泽永入人心。营建洛邑的时候，诸侯都踊跃工作。周公心想：劳力工作，他们还高兴助役；拿礼、乐诱导他们，当更不会有问题。于是第二年升始制礼、乐，预备行诸各国。洛邑营建后，他行了几个重要的祭礼。在洛邑南郊行"郊祀",祭祀上帝,以后稷配享,这是祭天的大礼,代表全民向天祈祷,人民不能直接向天祈祷。周王之能代表祈祷,因为他的祖先后稷可以配天,在天上代他说话。洛邑城中建了个"大社",在那里行祭土谷神的礼。在"明堂"祭文王,配享上帝,这叫"宗祀",最重要而富于政治宗教合一的意味。"明堂"是一个亚字形的建筑,当中有五间内室,四周都是厅堂。外面有四方形的垣墙,东西南北有四个大门。在这里举行三种典礼,除了"宗祀"外,还有"告朔"(颁布历法)、"朝觐"(朝见诸侯),实际上是发布大政教的地方。 洛邑告成之后,周公第一次集合诸侯,宗祀文王于明堂。据说这不仅举行一个必要的典礼,还有实行新仪式叫诸侯演习的意味。奏新作的象舞,所唱的歌词是《诗经·周颂》里面的《清庙》、《维清》、《我将》等篇。后人叙述当时的情形说:周公营建洛邑,改定正朔(用周的历法),立宗庙,规定祭祀的次序和祭品,制作礼、乐,颁布度、量、衡的标准,天下太平。诸侯都穿着礼服,供奉祭品,恭敬虔诚地来陪祭。看到那里宫室有一定的制度,衣服有一定的等级式样,牛羊等祭品有一定的规定,宰杀剖割有一定的样子,其至扫除废物,厨房的烹饪和布置,都有一定的仪节。到了里面,感觉到既庄严又美观。诸侯都接到王朝颁布的命令,然后参加祭典,谒见文王、武王的神主（古时用生人扮成神主，名"尸"）。据说那时有一千七百七十几个诸侯，都恭敬屏息，弦歌奏乐，称美先王。参加的每个人都具有一种深沉肃穆的心情和一种和畅的意绪，同时惆怅地追思文、武，情动于中，行动声音自然和仪节乐歌相合。孔子说："周公德行，上格天，下动人，远播于各国，使人内心钦服。海外的人都来进贡，他确能把父兄的文德武功发扬光大。"这种普及上下的祭礼，大致经过周公的手。

除了宗祀外，在明堂朝会诸侯，也有制定的仪式：诸侯班次按尊卑远近排列，堂正中屏风前面，周王南向立，王朝的卿士立在两旁，三公在王前面北，侯爵在东台阶的东边面西，伯爵在西台阶的西边面东，子爵在堂下院门的东边面北，男爵在西边面北，蛮夷戎狄等国都在院外四周站立。位次是明尊卑，事情是发布政令。周公制定这些礼、乐，在精神上统驭各国，力量和意义远在政令之上。它可以潜移默化，使生活方式统一。国家凝固，周公晓得礼、乐的用途远胜过诸侯所贡的财物，表面上似乎财物对王室最重要。周公告诫过成王说："你要知道诸侯朝会的意义，表面聚会，精神涣散，是无用的。惟有礼仪能使诸侯精神团结。假使只贪进贡的财物，那是你自己意不在朝会。别人也知道这不是朝会，是你要钱，他们怎么会看得起你，怎么会拥护你。"礼乐告成，周室政教远及四方，远处的蛮夷也感觉到中国的气象和从前不同。据说当时交趾南部的越裳氏（在现在的安南）也因此远来朝贡，他们的言语要经过两次翻译。

第七节　周公的退休

周公营建洛邑，就是替成王营建新都，预备正式让成王亲政，自己退休。洛邑工作开始，周公回镐京向成王报告，并述说自己告退的意思。成王问他奠定新都的仪式，并求教诲。周公说："王到新都，应有隆重的祭礼，应当祭的都挨次祭到。我率百官一同去，王就指定功臣的助祭和配享，使诸侯们尽力，这要谨慎选择。对诸侯的贡物不可过于重视，主要的仪节要周到。这都要你自己来做，我是来不及了。我只能教你治民的大法，其余要自己勉励。总使大臣、诸侯顺序听命。你好好地做，我退休到乡间，指导农民耕种，使他们富裕快乐，或许办得到。"成王说："公还要辅助我。公的威德，使我继续文、武的功烈，上答天命，使四方百姓和乐。要指导我大祭祀的礼。只有公的德行上及天，下及地，旁及四方，使化行俗美，太平无事。还要以文、武的故事教导我，并教我谨慎祭祀。"周公又辞。成王最后说："公的功德若此，我到成周即位以后，封公的儿子作诸侯，还要留一位继公辅佐王室。四方一直没安定，也没有机会崇礼公功。以后还要公作四辅，领导群臣完成文、武的事业，治理人民。我要这样办，公不要叫我为难，我一定好好地事奉公。公永远为四方的典型，代享封爵。"周公和成王议定后，到洛邑朝会诸侯。周公祭祖先，宣告退休。这已是洛邑完成以后的事。周公向成王说："王命我到这里来祭告文、武，为民祈福。你也亲自来看新都。你要表示重视典法，尊礼殷朝的贤人，作四方的新主，为周朝开一新局面。能使万国称庆，你就获得成功。我自己同群臣百官，承续前人的功业，也为周朝创一新气象，使殷民受到感化。我已经正式祭过祖先和文、武，祝告退休。望你仁厚爱民，使殷人服从周朝，使万年以后都受到你的福德。"这时是周公摄政第七年的十二月末，成王祭岁，祭告文、武，叫作册（官名）逸（人名）读册文，祝告自己继王位和封周公的后代。又朝会诸侯，在太庙举行大祭，正式封伯禽为鲁侯，作册逸作诰文告诫他。

　　周公功成名立，还政以后，一点不骄傲，事事禀承成王。他还以国家元老的资格，和召公共襄国事。伯禽正式作诸侯，周公特别告诫他说："我是文王的儿子，武王的弟弟，成王的叔父，不能算不尊贵，可是我洗一次头发要挽三次，吃一顿饭要吐三次，赶快起来招待贤士；你可不能以为自己是鲁侯，向别人骄傲。"成王一年大一年，周公时时尽心辅导劝诫，述说为人君的道理。有一次说："为人长上没有安乐可言,只有先知道耕种的艰难,才能安乐,因为你可以知道农民的痛苦。一般小人,父母勤劳稼穑,耕田播种,子孙享受成业,不知稼穑的艰难,一味淫乐放纵。要不然,就是鄙视父母,说他们不懂享受。这一班败家子孙是不能长久的。"又说:"我听说从前殷王中宗敬畏谨慎,法天治民,不敢懈怠,他享国七十五年。殷高宗久处民间,继位以后,守父亲的丧制,三年不问政事,人们都盼他发言施政。他不敢懈怠,殷国大治,上下和乐,他享国五十九年。祖甲也久处民间,继位以后,深知人民疾苦,能施惠民众,不欺鳏寡,他享国三十三年。从他以后,每一代的殷王生下来,就在富贵安乐的环境里,他们不知稼穑的艰难和农民的劳苦,只讲享乐。他们也不能长寿,有的十年八年,有的三年四年。"又说:"我们国家,从太王、王季以来,无不小心谨慎。到文王,他很高兴和农夫们一起工作,特别怜爱体恤小民,一天到晚连吃饭的时间都没有,一心一意地要使人民安乐,自己很少游猎,只勤劳政事。文王中年受到天命,他享国五十年。"又说:"从今以后,后王不要只想游观田猎,只想安乐。他负万民政事的责任,不要说今天可以休息一下。这样不能教民,不能顺天,他就要有灾祸到头。更不要像殷王纣,一味地喝酒。"又说:"古人互相训告,互相扶持,互相教诲,没有诡计多端专劝人做坏事的。这种坏人劝你变乱先王的政事法典,要不然就是说上下人民的坏话，说他们诅咒你，怨恨你。"又说："从殷王中宗、高宗、祖甲到我们文王，都明睿通达，有人告诉他们说：'小民怨你，骂你。'他们不但不发怒，还马上自省过失，修励德行说：'这是我不对。'这种坏人阴谋诡计地向你说：'小民怨你骂你。'你信了他的话，从此不依法度，不能宽心下气，乱罚无罪，滥杀无辜。这样，大家的怨恨真要集中在你了。"周公又叮咛说："后王要记着我这些话。"从这些话里可以看出周公理想的政治领袖。他认为人君是代天育民的师保，有重大的责任，没有什么特权。

周公摄政七年，退休后三年，住在丰邑，生起病来。他临死时嘱咐说："我死后埋葬于成周，我始终是成王的大臣。"他死了以后，成王说："周公生时想奉宗庙，死了要葬在毕。"便把他葬在文王、武王的墓旁。成王的意思，表示不能把他看作自己的大臣。他是继承文、武的遗志开创基业，他应当跟随文、武，后王也应当把他看作文、武一样。周公的子孙长支在鲁，成王特别允许鲁国用比普通诸侯隆重的礼乐祭祀周公，一说是用"天子礼乐"。他的子孙还有一支，历代做王室的大臣；还有几支封到凡、蒋、邢、茅、胙、祭等国。

第八节　周公的学术著作

周公具备这样的人格，成就了这样的事业，决不是不学无术的。据说他师虢叔，虢叔是文王的弟弟，也是文王下面第一个贤臣。周公自然还承接父亲的学问，这都是最伟大的人物。至于学问内容，现在无法知道，恐怕都是关于个人的品德、智慧和实用的政术的。我们要研究他的学问和思想，有些古书还保留着他的著作。有些著作从前人以为都是他的亲笔，这一层要仔细分辨。实际我们很难断定古人有后来所说的私人著作；研究古人，只能概括地看，从他的支派和受他影响的作品来推测。

周公的影响，方面极广，后人认为他的著作很多。因为他制礼作乐，后来流传的《周官》和《仪礼》都说是他作的。《周易》的爻辞据说也是他作的。《周易》是卜筮的书，卦辞和爻辞是钻龟甲和用蓍草占卜吉凶的结果。有许多都是殷、周之际，周王室所占以决大事的。周公和文王一样身当其冲，有些可能是出于他的手笔。《周易》虽出于卜筮，其中却可看出先民的人生哲学。周公成部的著作据说还有《尔雅》，这是一部古字书，和周公没有多大关系。《书经》里记载周公言行的很多，多半是当时人的手笔，最可看出周公的真貌。据说有两篇还是他自己写的，却不大可靠。《诗经》里有几篇很可能是周公的原作，据汉以前的人说法，有豳风中的《鸱鸮》，大雅中的《文王》，周颂中的《清庙》、《时迈》、《思文》、《武》、《酌》等篇。其余还有很多，都不甚可靠。这些都是配起音乐来可以歌唱的歌词。《武》就是前面讲的作象舞时奏乐的歌词。《武》和《酌》合称《大武之乐》。《逸周书》里记载周公言行的也很多，据说他作的有《周月》、《月令》、《谥法》三篇。《周月》、《月令》是记载一年四季的时令，未必是他的作品。《谥法》是解释谥法所用的字眼的，贵族死后，按行为加一个名称，恐怕是殷、周以来慢慢演变成的一种制度；所用的字眼，并非出自周公之手。这都和周公制礼作乐、创建制度有关，后人就加上周公的名字。

结　语

我们用三篇文字叙述了中国古史上的几个大人物，他们的事迹虽茫昧不明，我们却不能不讲，一个人幼年时期虽记不清楚，但极重要。有些事可以影响他一生，成了他深沉潜在的精神。他长大后，追忆儿时，虽不免搀杂他后来的想象，可是背后操纵这想象的仍有他儿时留下来的成分。这就是说，我们从文化的大体上看古史，纵有后人的想象，仍然充满着古人的基本精神。我们看到古人的艰辛创造，看到他们的成就，看到他们的后嗣绵延到现在，这决不是一件无价值或偶然存在的事情；从这里生长出来的中国文化，也决不是不值一顾的废物。百年衰弱的历史使我们痛心，可是一百年比起过去的五千年来很短促，比起我们无穷的前途来更短促。我们知道这一百年，仅仅是患了几天病。

黄帝是文明的创始人，从他打定基础以后，文化才慢慢地生长，到周朝才大体确定。尧、舜、禹、汤、文、武、周公，后人称他们为"道统"的传授者。他们一脉相传，周公以后就是孔子。现在有许多人不懂"道统"这两个字，而加以讪笑。其实用现在的话说，就是"文化的传统"。他们几个人承接和传递这"文化的传统"，他们是传统文化的代表人，他们每个人都是当时整个民族活动的代表。每一代的祖先都有新的活动，都有新的贡献，使这一个有中心、有系统的文化充实光大。他们并没脱节，我们指出这几个当时的领袖作我们崇仰的代表。周公以后，最能发挥中国文化的精神的，自然数到孔子了。

钱穆作品系列
（二十四种）

《孔子传》

本书综合司马迁以下各家考订所得，重为孔子作传。其最大宗旨，乃在孔子之为人，即其自述所谓"学不厌、教不倦"者，而以寻求孔子毕生为学之日进无疆、与其教育事业之博大深微为主要中心，而政治事业次之。故本书所采材料亦以《论语》为主。

《论语新解》

钱穆先生为文史大家，尤对孔子与儒家思想精研甚深甚切。本书乃汇集前人对《论语》的注疏、集解，力求融会贯通、"一以贯之"，再加上自己的理解予以重新阐释，实为阅读和研究《论语》之入门书和必读书。

《庄老通辨》

《老子》书之作者及成书年代，为历来中国思想学术界一大"悬案"。本书作者本着孟子所谓"求知其人，而追论其世"之意旨，梳理了道家思想乃至先秦思想史中各家各派之相互影响、传承与辩驳关系，言之成理、证据凿凿地推论出《老子》书应尚在《庄子》后。

《庄子纂笺》

本书为作者对古今上百家《庄子》注释的编辑汇要，"斟酌选择调和决夺，得一妥适之正解"，因此，非传统意义上的"集注"或"集释"，而是通过对历代注释的取舍体现了作者对《庄子》在"义理、考据、辞章"方面的理解。

《朱子学提纲》

钱穆先生于1969年撰成百万言巨著《朱子新学案》，"因念牵涉太广，篇幅过巨，于70年初夏特撰《提纲》一篇，撮述书中要旨，并推广及于全部中国学术史。上自孔子，下迄清末，二千五百年中之儒学流变，旁及百家众说之杂出，以见朱子学术承先启后之意义价值所在。"本书条理清晰、深入浅出，实为研究和阅读朱子学之入门。

《宋代理学三书随劄》

本书为作者对宋代理学三书——元代刘因所编《朱子四书集义精要》、周濂溪《通书》及朱熹、吕东莱编《近思录》——所做的读书记记，以发挥理学家之共同要义为主，简明扼要地辨析了宋代理学对传统孔孟儒家思想的阐释、继承和发展。

《中国思想通俗讲话》

本书意在指出目前中国社会人人习用普遍流行的几许概念与名词——如道理、性命、德行、气运等的内在涵义、流变沿革。及其相互会通之点。并由此上溯全部中国思想史，描述出中国传统思想一大轮廓。

《现代中国学术论衡》

本书对近现代中国学术的新门类如宗教、哲学、科学、心理学、史学、考古学、教育学、政治学、社会学、文学、艺术、音乐等作了简要的概评，既从中西比照的角度，指出了"中国重和合会通，西方重分别独立"这一中西学术乃至思想文化之根本区别；又将各现代学术还诸旧传统，指出其本属相通及互有得失处，使见出"中西新旧有其异，亦有其同，仍可会通求之"。

《中国学术思想史论丛》

共三编八册，汇集了作者六十年来讨论中国历代学术思想而未收入各专著的单篇散论，为作者1976—79年时自编。上编（1—2册）自上古至先秦，中编（3—4册）自两汉至隋唐五代，下编（5—8册）自两宋迄晚清民国。全书探源溯流，阐幽发微，颇多学术创辟，系统而真切地勾勒了中国几千年学术思想之脉络全景。

《黄帝》

华夏文明的创始人：黄帝、尧舜禹汤、文武周公，他们的事迹虽茫昧不明，有关他们的传说却并非神话，其中充满着古人的基本精神。本书即是讲述他们的故事，虽非信史，然中国上古史真相，庶可于此诸故事中一窥究竟。

《秦汉史》

本书为作者于1931年所撰写之讲义，上自秦人一统之局，下至王莽之新政，为一尚未编完之断代史。作者秉其一贯高屋建瓴、融会贯通的史学要旨，深入浅出地梳理了秦汉两代的政治、经济、学术和文化，指呈了中国历史上这一辉煌时期的精要所在。

《国史新论》

本书作者"旨求通俗，义取综合"，从中国的社会文化演变、传统的政治教育制度等多个侧面，融古今、贯诸端，对中国几千年历史之特质、症结、演变及对当今社会现实的巨大影响，作了高屋建瓴、深入浅出的精彩剖析。

《古史地理论丛》

本书汇集考论古代历史地理的二十余篇文章。作者以通儒精神将地名学、史学、政治经济、人文及民族学融为一体，辨析异地同名的历史现象，探究古代部族迁徙之迹，进而说明中国历史上各地经济、政治、人文演进的古今变迁。

《中国历代政治得失》

本书分别就中国汉、唐、宋、明、清五代的政府组织、百官职权、考试监察、财政赋税、兵役义务等种种政治制度作了提要钩玄的概观与比照,叙述因革演变,指陈利害得失,实不失为一部简明的"中国政治制度史"。

《中国历史研究法》

本书从通史和文化史的总题及政治史、社会史、经济史、学术史、历史人物、历史地理等6个分题言简意赅地论述了中国历史研究的大意与方法。实为作者此后30年史学见解之本源所在,亦可视为作者对中国史学大纲要义的简要叙述。

《中国史学名著》

本书为一本简明的史学史著作,扼要介绍了从《尚书》到《文史通义》的数部中国史学名著。作者从学科史的角度,提纲挈领地勾勒了中国史学的发生、发展、特征和存在的问题,并从中西史学的比照中见出中国史学乃至中国思想和学术的精神与大义。

《中国史学发微》

本书汇集作者有关中国历史、史学和中国文化精神等方面的演讲与杂论,既对中国史学之本体、中国历史之精神,乃至中国文化要义、中国教育思想史等均做了高屋建瓴、体大思精的概论;又融会贯通地对中国史学中的"文与质"、中国历史人物、历史与人生等具体而微的方面做了细致而体贴的发疏。

《湖上闲思录》

充满闲思与玄想的哲学小品,分别就人类精神和文化领域诸多或具体或抽象的相对命题,如情与欲、理与气、善与恶等作了灵动、细腻而深刻的分析与阐发,从二元对立的视角思索了人类存在的基本问题。

《文化与教育》

本书乃汇集作者关于中国文化与教育诸问题的专论和演讲词而成,作者以其对中国文化精深闳大之体悟,揭示中西传统与路线之差异,指明中国文化现代转向之途径,并以教育实施之弊端及其改革为特别关心所在,寻求民族健康发育之正途。

《人生十论》

本书汇集了作者讨论人生问题的三次讲演,一为"人生十论",一为"人生三步骤",一为"中国人生哲学"。作者从中国传统文化入手,征诸当今潮流风气,探讨"心"、"我"、"自由"、"命"、"道"等终极问题,而不离人生日常态度,启发读者追溯本民族文化传统的根源,思考中国人在现代社会安身立命的根本。

《中国文学论丛》

作者为文史大家,其谈文学,多从文化思想入手,注重高屋建瓴、融会贯通。本书上起诗三百,下及近代新文学,有考订,有批评。会通读之,则见出中国一部文学演进史;而中国文学之特性,及各时代各体各家之高下得失之描述，亦见出作者之会心及评判标准。

《新亚遗铎》

1949年钱穆南下香港创立新亚书院。本书汇集其主政新亚书院之十五年中对学生之讲演及文稿，鼓励青年立志，提倡为学、做人并重，讲述传统文化之精要，阐述大学教育之宗旨，体现其矢志不渝且终身实践的教育思想。

《晚学盲言》

本书是作者晚年"目盲不能视人"的情况下，由口诵耳听一字一句修改订定。终迄时已92岁高龄。全书分上、中、下三部，一为宇宙天地自然之部，次为政治社会人文之部，三为德性行为修养之部。虽篇各一义，而相贯相承，主旨为讨论中西方文化传统之异同。

《八十忆双亲　师友杂忆》

作者八十高龄后对双亲及师友等的回忆文字，情致款款，令人慨叹。读者不仅由此得见钱穆一生的求学、著述与为人，亦能略窥现代学术概貌之一斑。有心的读者更能从此书感受到20世纪"国家社会家庭风气人物思想学术一切之变"。